嫌韓道

山野車輪
yamano sharin

JN229940

ベスト新書
474

プロローグ　嫌韓道とは!!!

今回、初の新書を上梓するにあたって、タイトルを「嫌韓道」とすることに決めました。これは「けんかんどう」と読みますが、「けんかんみち」と読んでもらっても構いません。実際、私は「嫌韓道」に二つの思いを込めています。

九〇年代の終わり頃までは、多くの日本人にとって韓国は興味の対象の外にある国でした。しかし二一世紀になって、突如として日本人の視界に韓国が浮上してきたのです。

二〇〇二年、初のアジア開催となる「第一七回FIFAワールドカップ」が日本と韓国の共催で開催され、日韓友好ムードの中で成功裏に終わったとされました。二〇〇三年に韓国ドラマ『冬のソナタ』がNHK・BS2で初めて放送され、翌二〇〇四年のNHK総合での再放送をきっかけにブレイクして、中高年女性の間で冬ソナブーム、ヨン様ブームが起こりました。日本でのいわゆる「韓流《ハンりゅう》」ブームがここから始まったとされています。

多くの日本人は、日韓共催W杯や韓流ブームなどをきっかけに韓国に興味を持つようになりました。しかしそれによって、同時に韓国という国の実態――反日や歴史捏造などに気づくことにつながり、韓国を嫌う日本人が急増していったのです。

二〇〇五年は日韓国交正常化四〇周年を記念して「日韓友好年」とされ、マスコミはひたすら友好ムードを演出するとともに、韓流ブームをさらに盛り上げようと躍起になっていましたが、水面下では主にインターネット上で、「嫌韓」という「もうひとつの韓流ブーム」が巻き起こっていました。

そのような状況の中で二〇〇五年七月、拙著『マンガ嫌韓流』(晋遊舎)が刊行されました。『マンガ嫌韓流』は、韓国の実態とそれを隠してきた日本のマスコミについて論じることを目的とした作品でした。

発売直後からインターネットを中心に大きな話題となり、インターネット書籍販売最大手のアマゾンや紀伊国屋書店などの発表する売上ランキングで一位を獲得し、さらに韓国のTVや新聞などでは「極右による歴史捏造マンガ」として連日にわたって報じられ、米紙『ニューヨークタイムズ』などでも(批判的にですが)紹介されました。

一方、日本のマスコミは「嫌韓」や『マンガ嫌韓流』について、ほとんど黙殺に近い扱いをしただけではなく、一部では『マンガ嫌韓流』を日本人の目から隠そうという動きもあったのです。

たとえば『朝日新聞』は、アマゾン売上ランキングを掲載する際に、一位の『マンガ嫌韓流』を「マンガだから」という理由で突然ランキングから外すという不可解なことを行なっています。さらに『朝日新聞』は広告の掲載までも拒否してきたのです。

日本のマスコミではほとんど無視された『マンガ嫌韓流』でしたが、順調に版を重ねてシリーズ累計で一〇〇万部を超え、この手の内容の本としては異例のヒットとなりました。

しかし当時、韓国への批判はタブー視されており、またフジテレビなど一部マスコミが韓流ブームを拡大、定着させようと必死で煽っていた時期だったこともあり、「嫌韓」というムーブメントを日本のマスコミが積極的に取り上げることはありませんでした。

そのような状況を一変させたのは、二〇一二年の韓国の李明博《イミョンバク》大統領（当時）による竹島上陸と天皇侮辱発言でした。

李明博大統領は、現職大統領として初めて竹島に上陸するという挑発行為を行ない、さらにその数日後にはなんと日本の象徴である天皇陛下を侮辱する暴言を吐いたのです。日本のマスコミもさすがにこれを報じないわけにはいかず、それまでの友好ムードはあっけなく雲散霧消して、韓国タブーが一気に崩壊していったのです。

そして現在、多くの日本人が「韓国が嫌い」とはっきり主張できるようになり、嫌韓が多数派、国民世論となる時代が到来しました。二〇一四年一二月二〇日に内閣府が発表した「外交に関する世論調査」によると、「韓国に親しみを感じない」日本国民が七割近くにも達しています。

週刊誌などでは毎号のように嫌韓特集が組まれ、書店には嫌韓コーナーが常設されて韓国を批判する書籍やムックなどが平積みにされ、多数のベストセラーが生まれています。嫌韓本がほとんど『マンガ嫌韓流』しか存在しなかった一〇年前と比べると隔世の感があります。

ところが「反差別」団体を自称する一部の反社会的な人たちは、韓国を批判する者に対して「レイシスト」「ヘイトスピーチ」などとレッテルを貼ったり、韓国を批判する本を「ヘイト本」などと一方的に決めつけて、書店に対して店頭から撤去するように抗議したり、さらには図書館にまで圧力をかけようとするなど、思想警察気取りで言論封殺活動に勤しんでいるのです。

しかし、左翼全盛期の反日が蔓延っていた時代は、本多勝一や吉田清治などによる日本人への「ヘイトスピーチ」が満載された本が堂々と売られてベストセラーになっていましたが、保守系団体などが書店や図書館に対して言論封殺活動を行なったという話は聞いたことがありません。

日本は言論や表現の自由がある国なのですから、嫌韓本の内容が気に入らない、間違っていると考えるのであれば、言論封殺活動に励むのではなく、反論本を出版するべきでしょう。保守知識人たちは「在日強制連行」や「慰安婦狩り」などといった左翼や在日、『朝日新聞』などが垂れ流すデタラメに対して、一つ一つ反証することで無力化してきました。

『産経新聞』や保守論壇などからの批判に耐え切れなくなった『朝日新聞』は、二〇一四年に訂正記事を掲載し、「慰安婦強制連行」を報じた一連の記事が誤報だったと認めました。一九八二年に吉田清治の「慰安婦狩り」証言が掲載されてから三二年も経過しており、その間に日韓関係は取り返しのつかないところまで悪化してしまいましたが、それでも最後には、嘘が暴かれて真実が明らかとなったのです。

韓国批判がタブーではなくなったことは、いうまでもなく歓迎されることです。日本人が韓国を嫌うのは仕方がありません。韓国は知れば知るほど嫌いになる部分が多々ある国です。韓国の実態を知れば、嫌韓になるのは当然であるといわざるを得ないでしょう。ましてや、戦後長い間「嫌韓」は封殺され続けていたのですから、言論の自由を尊重する日本人が嫌韓にシンパシーを感じるのも当然といえるのではないでしょうか？

つまり「親韓」と「嫌韓」の間には、

「親韓」→韓国批判はタブーである、言論封殺して当然、反日憎悪
「嫌韓」→韓国を批判する自由、言論の自由を尊重、反日憎悪を批判

という対立構造があるのです。

正常な日韓関係の構築にあたっては、当然ですが「嘘」で塗り固められたものではなく、「真実」に基づいたものでなければなりません。そして「反日憎悪」によるものではなく、「反日憎悪」を正すものでなければなりません。ではそれを可能とするものはいったい何でしょうか？　それこそが「嫌韓」なのです。

「嫌韓」の人たちはこれまで、韓国の「嘘」に対し「真実」で対抗してきた実績がありますし、韓国人の「反日憎悪」に対して批判を行なってきました。「嫌韓」が日韓関係を正常な方向へ導いているのです。正常な日韓関係の構築こそが、私たち日本人が選ぶべき

「道」ではないでしょうか？

ずいぶんと前置きが長くなってしまいましたが、「嫌韓」のスタンスによる正常な日韓関係構築への「道」、というような意味を込めて、本著を「嫌韓道（けんかんどう）」と名付けました。

日本には、世界に誇れる武芸や芸道に「道」という価値観があります。ここで例に挙げるまでもありませんが、柔道や剣道、弓道、そして茶道や華道、書道などがそれに当たります。その多くは世界中で親しまれ、競技や大会なども開かれたりもしますが、他者と競うことが重要ではなく、重視すべきことは、一つの物事を通じて生き様や真理の追求を体現することや、自己の精神の修練を積んでいくことなどであり、この「道」という価値観には非常に崇高な精神が内包されているのです。

もちろん「嫌韓」がそのような崇高なものとは思っていませんが、それでも崇高な精神を持って正常な日韓関係の構築を目指し、一つ一つ、積み上げていくことは大事なことだと思います。

またもう一つの読み方「嫌韓道（けんかんみち）」ですが、これは「嫌韓に至るまでの道」という意味です。現在、日本に吹き荒れる嫌韓ムーブメントは、李明博大統領の竹島上陸と天皇侮辱発言によって突然生まれたわけではありません。

大統領の反日発言は、単に日本人の堪忍袋の緒を切ってしまっただけに過ぎないのです。「黒ひげ危機一髪」というゲームがありますが、これまでの韓国による多くの日本・日本人叩きがあった中で、たまたま当たりを引いたのが（トドメを刺したのが）李明博大統領だったということなのです。

本編で詳しく述べますが、これまでの日韓関係というのは歴史問題などで「日本を責め立てる韓国」と「韓国に平身低頭する日本」という一方的な関係しかありませんでした。それでも「真実」に基づいて非難されているのであれば、お人よしの日本人は納得して反省し続けていたことでしょう。

しかし韓国の主張する強制連行や慰安婦問題などの歴史問題のことごとくが「嘘」や「捏造」の上に成り立っているものばかりでした。

韓国が嘘の罪状によって長年にわたって日本を責め立ててきたことに、多くの日本人が気づいてしまったことで、一億総嫌韓というべき、国民的規模の嫌韓ムーブメントが巻き起こったのです。

マスコミは近年まで韓国の実態を報じず、多くの日本人は「かつて韓国には悪いことをした」と信じ込まされていました。

韓国の謝罪要求に素直に応じていた頃の日韓関係は、それなりに友好を保っていましたが、そんなものは嘘の上に立脚した偽りの友好に過ぎません。

真の日韓友好を実現させるためには、韓国の実態や歴史の真実を知った上でなければできないのではないでしょうか？

韓国の反日は、捏造された偽りの歴史から生まれたものですが、日本の嫌韓は、歴史の真実と韓国の実態を正しく認識したことで生まれたものなのです。もし仮に李明博大統領の愚行がなかったとしても、遅かれ早かれ日本人が「嫌韓道（けんかんみち）」にたどり着くことは必然だったといえるでしょう。

そしてこの「嫌韓道（けんかんみち）」を抜けた先にこそ、真の日韓友好への道が開けていると私は信じています。そのためにも、まずは「嫌韓道（けんかんみち）」を歩き始めましょう。

写真：アフロ／ロイター／Lee Jae-Won

嫌韓道　目次

第一章　韓国は恐るべき、反日国家

第二章　日帝七奪の大嘘と韓国英雄テロリスト伝

第三章　差別をなくすために！　在日問題の本質

第四章 嫌韓に火を注いだ日韓現代史

第五章　従軍慰安婦と朝日新聞の真実

第一章 韓国は恐るべき、反日国家

■韓国は日本の同盟国でも友好国でもない！

誤解している人も多いようですが、韓国は日本の「同盟国」ではありません。

ご存じのように日本は米国と「日米安保条約」を締結しており、日米同盟という関係は存在します。同様に韓国は米国と「米韓相互防衛条約」を締結しており、米韓同盟という関係も存在します。しかし、日本と韓国の間にはそのような条約など存在しないので、日韓同盟もまた存在しないわけです。日本と韓国は米国を媒介にしてかろうじてつながっている、いわば擬似同盟の関係なのです。

日本では韓国という国は「民主主義や資本主義といった価値観を共有する、北朝鮮や中国の脅威に共に立ち向かう同盟国、友好国」という認識がまだ一般的であると思われます。

一方韓国ですが、二〇一三年一〇月一四日付『聯合《れんごう》ニュース』の記事によると、韓国で実施された世論調査で韓国人の七割以上（七二・二％）が「日本は韓国の同盟国ではない」と考えているという結果が出ています。この世論調査の結果を見る限り、ほとんどの韓国人は日本を同盟国とも友好国とも考えておらず、どうやら日本人の一方的な片思いであったことが明らかになりました。

さらに日本の集団的自衛権に対する韓国政府の対応については、七五・五％の韓国人が「日本の軍事力はアジアの平和を崩すため反対すべき」と答えています。

日本が集団的自衛権を行使するとすれば、それは同盟国である米国が北朝鮮や中国と戦争状態になったときであり、その場合は朝鮮半島が戦場になる可能性が非常に高いわけです。韓国が北朝鮮の攻撃を受けた場合、在日米軍基地から部隊が出動し、朝鮮半島で作戦を展開することになります。このとき、日本が米軍を助けるために、つまり結局は「韓国を助けるために」集団的自衛権が行使されるわけですが、受益国であるはずの韓国の人たちが反対するという不可解なことが起こっているのです。

「不可解」と書きましたが、韓国のことを多少でも知っている人にとっては、この世論調査の結果は充分に想定の範囲内であると思います。韓国政府が建国以来実施してきた反日教育、韓国マスコミが毎日のように垂れ流す反日報道によって、韓国人は対日本観において完全に愚民化しています。

日本のやることなすこと全てが気に入らず、脊髄《せきずい》反射的に何でも反対する人間のみでアンケートを取ったのですから、このような結果が出たところで驚くに当たらないわけです。

第18代大統領　朴 槿惠

当然ながら米国は日本の集団的自衛権の行使を強く支持しています。そして韓国政府も、反日に洗脳された国民の目があるので表立っては賛成していませんが、公式には明確に反対したことがなく、内心ではもちろん歓迎しているはず……と従来は考えられていました。しかし、それは日本人の単なる思い込み、あるいは買いかぶりに過ぎなかったことが明らかになっています。

二〇一四年七月五日付『中央日報』に「日本に高強度警告メッセージ送った韓中首脳」という記事が掲載されました。

朴槿惠《パククネ》大統領と中国の習近平国家主席が昨日、日本に対して高強度の警告メッセージを送った。両首脳は特別昼食会で、日本の集団的自衛権行使のための憲法解釈変更、日本軍慰安婦の強制動員を認めて謝罪した河野談話の毀損《きそん》の動きに対して憂慮を表示した。

（二〇一四年七月五日付『中央日報』より一部引用）

韓国の大統領が中国の主席と一緒になって、日本の集団的自衛権を批判したのです。韓国は一般大衆から大統領に至るまで、誰も日本を同盟国あるいは友好国と考えていないことが、これではっきりしたわけです。朴槿恵大統領の日本批判は、韓国の首脳が中国の首脳とともに「高強度警告」した点において異例であり、これまでの韓国政府の方針から一歩踏み出したものと受けとめられていますが、実は似たようなエピソードが過去にもありました。

■韓国にとって日本は仮想敵国である!

二〇一二年七月二日付『中央日報』などの報道によると、盧武鉉《ノムヒョン》政権時代の二〇〇五年一〇月に開かれた韓米定例安保協議会(SCM)で、韓国政府は米国政府に対して、なんと日本を米韓の仮想敵国として規定するように提案していたのです。

この話は与党・セヌリ党の元代表である鄭夢準《チョンモンジュン》が国会で記者団に対して明らかにしたものです。『中央日報』の同記事によると「日本に対する一般国民の感情がよくなく、独島《ドクト》(日本名・竹島《たけしま》)が常に問題になるので、盧大統領が提案したものだが、韓国と日本が同じ自由民主主義国家で、そうでない国家に対抗して手を握ることを望んでいた米国側が非常に当惑していた」とのことで、この驚くべき提案はなんと盧武鉉大統領（当時）自身によって行なわれていたのです。

このような提案を米国に対して行なうことについて、当然ながら盧武鉉や外交当局者の脳内では何らかの成算があったということになりますが、いったい彼らの頭の中はどうなっていたのか、正気を疑わざるを得ません。

盧武鉉にはさらに「前科」があります。二〇一四年一月一六日付『朝鮮日報』によると、盧武鉉はロバート・ゲーツ米国防長官（当時）と二〇〇七年一一月に会見した際、「アジアで最大の安全保障上の脅威はアメリカと日本だ」と述べたそうです。日本だけでなく米国も「アジア」の敵にされてしまったのです。ゲーツ元国防長官は二〇一四年一月に上梓《じょうし》した回想録『Ｄｕｔｙ』で、盧武鉉について「おそらく少し頭がおかしい（probably a little bit crazy）という結論を下した」と書いています。さすがは米国人らしい（?）直球すぎる物言いです。私たち日本人もゲーツ元国防長官に倣って「韓国人はおかしい」という結論を、そろそろ下してしまっていいのではないでしょうか。

韓国にとって国防上大きな利益があるはずの日本の集団的自衛権に反対したり、米国に日本を仮想敵国にするように提案したりといった、おかしいことをやっているのは、彼らの中では将来の韓日戦争に向けた布石を打っているつもりなのかもしれません。

韓国人は反日教育によって完全におかしくなっている状態なのです。物心ついた子供の頃からひたすら他者（日本）に対する憎悪と偏見ばかりを植え付けられるのですから、まともな感覚が育つ訳がありません。

■公然と行なわれる反日教育という洗脳

反日教育については、二〇〇五年六～七月に仁川《インチョン》交通公社（地下鉄）一号線橋峴《キョリョン》駅で催された「反日絵」展示会の事件が有名でしょう。仁川にある桂陽中学校の授業で生徒に「独島」をテーマにした絵を描かせました。反日教育で洗脳されている生徒たちは、日本に爆弾を落としている絵、日の丸を焼いたり引き裂いたりしている絵、日本人を撃ち殺したり刺し殺したりしている絵などを描き、それら一〇〇〇点を超える反日絵が地下鉄駅の構内に設けられた特設会場に展示されたのです。

この反日絵展示会に遭遇して衝撃を受けたカナダ人旅行者が、その模様を撮影してイン

日本を核攻撃する反日絵

日本列島は韓国のウンチ。同じく反日絵

ターネットで公開したところ、やがて欧米のメディアで取り上げられるようになり、世界中から非難が殺到しました。それでさすがの韓国人もマズイと思ったのか、展示会は予定より早く打ち切られたのです。ここで注目すべきポイントは、駅という公共の場所に一カ月近く展示されていたにも関わらず、これを問題視する声が韓国人の中から出てこなかったことです。「反日絵」展示会の開催を、学校関係者、生徒の保護者、駅の職員、駅の利用者、近隣の住民など、誰も反対しなかったことを考えると、これは一部の教師たちが暴走して引き起こした例外的な事件などではなく、韓国で日常的に行なわれている「教育」の姿なのでしょう。

判断力のない子供にひたすら隣国への憎悪を植え付け、公教育の授業で反日絵を描かせて、それを何の疑問もなく公共の場所に誇らしげに展示した教師たち。そして他の韓国人たちは、欧米人に非難されるまで誰もその異常性に気づかなかったのです。このような韓国社会は完全に歪《ゆが》みきっているとしか思えません。こんな狂った恐ろしい国が日本のすぐ隣に存在しているのです。

韓国青少年未来リーダー連合などが四〇〇校以上の中学生と高校生を対象に二〇一一年に実施した「青少年の国家観と安全保障観」に関するアンケート調査の結果が、同年六月二四日に発表されています。それによると「韓国の敵国はどこか」という質問に対し、なんと四四・五％の中学生・高校生が「日本」と回答しているのです。

二位の北朝鮮は二二・一％と日本の半分以下、同盟国の米国は一九・九％で三位にランクイン、四位の中国が一二・八％、五位のロシアが〇・六％という結果になっています。反日教育の成果が如実に表れた結果であるといえるでしょう。

韓国の未来を担う青少年の半分近くが日本を仮想敵国の第一位と考えているわけですから、今後も（一〇〇〇年くらい？）日韓友好は絶望的といわざるを得ないでしょう。古来より事を為し成功するには「天の時、地の利、人の和」の三つが必要とされています。韓国は対日戦争勝利を成し遂げるために、少なくとも「人の和」については完璧に近い状態にまで仕上げているようです。

■親日老人は殴り殺され、親日学者は社会的に抹殺される

「日本統治時代を覚えている老人世代は反日的だろうけど、独立後に生まれた中高年や若者世代にとっては遠い過去の歴史の話だから、日本への反感も年々薄れていっているのではないか」そのように思っている人も多いかもしれません。しかし、実際にはまったく逆で、若者は反日教育によって日本への敵意と被害妄想を植え付けられているのに対し、老人は日本統治時代がどういうものだったか実体験として知っているため、親日的な人が多いといわれています。

二〇一三年九月一二日付『世界日報』などの報道によると、同年五月、ソウルの市民公園を訪れていた九五歳の老人が日本統治時代について「日本の植民地統治は良かった」と思い出話を語っていたところ、それを聞いて激怒した三八歳の男に殴り殺されるという事件が起こっています。

被害者の老人が日本統治時代の何が良かったと語ったのか具体的には分かりませんが、九五歳ということは一九四五年の終戦の時点で何も分からない子供ではなく、二七歳の立

派な大人だったわけです。日本統治時代の実態について歴史の生き証人として語ってもらうのに相応《ふさわ》しい年齢であり、その発言には一聴の価値があったことは間違いないでしょう。

しかしこの加害者の男は日本統治時代を肯定的に語る「親日派」の老人への怒りを抑えられず、歪んだ愛国心の赴《おもむ》くままに、この老人を蹴り倒して杖《つえ》を奪い、頭を何度も殴りつけて殺害したのです。

驚くべきことに韓国内の世論はこの殺人犯に対して同情的でした。特にインターネットでは殺人者が「愛国者」「義士」などと称えられる一方、被害者の老人が「親日売国奴」「日帝を称賛する非常識なジジイ」「死んで当然」などと罵倒される書き込みで埋め尽くされました。反日でない韓国人は韓国人にあらず、親日的な韓国人は売国奴だから殺されても自業自得というわけなのです。

ソウル大学の教授を務める李栄薫《イヨンフン》という人物がいます。二〇〇四年九月二日に韓国MBCで放送された「MBC一〇〇分討論」に出演した李栄薫は「従軍慰安婦は売春業」「朝鮮総督府が強制的に慰安婦を動員したと、どの学者が主張しているのか」と発言して慰安婦の強制連行を否定しました。

放送直後から「韓国挺身隊《ていしんたい》問題対策協議会」（挺対協）や「太平洋戦争犠牲者遺族会」

（遺族会）などあらゆる反日団体がソウル大学に集団抗議を行ない、李栄薫の教授辞任を要求しました。また『朝鮮日報』など多くのメディアもその発言を批判的に報じ、李栄薫は孤立無援で袋叩きにされたのです。

韓国挺身隊問題対策協議会は「李教授の発言は日本の右翼の中でも極右からやっと出てくる主張で、私たちを驚愕と怒りに震えさせる」とし、「これは日本人の妄言で傷付けられた被害者たちの息の根を止めるもの」と主張している。

韓国挺身隊問題対策協議会はまた「こうした植民史観を持った者が国立大教授としての資格があるのか疑問」とし、「李教授は被害者と国民の前に公開謝罪後、自主的に辞任し、ソウル大も李教授を罷免《ひめん》せよ」と主張している。

（二〇〇四年九月三日付『朝鮮日報』より一部引用）

この件に関して韓国メディアは、この『朝鮮日報』記事のように反日団体の主張を一方的に垂れ流して断罪するだけで、李教授の主張について詳しく紹介したり、歴史を検証したりといった記事は、少なくとも私が知る限りでは皆無でした。

李栄薫は世論や反日団体の圧力に屈して「ナヌムの家」（元慰安婦を自称する女性たちが共同生活する施設）を訪れて、「元慰安婦」たちに土下座させられました。韓国最高学府の教授ともあろう者が、老婆たちに囲まれ恫喝《どうかつ》されて土下座を強要され、その哀れな姿を全国に晒《さら》されるという屈辱的な精神的拷問を受けたのです。

「東豆川《トンドゥチョン》で体を売っている女性と私たちを比較するなんて、あり得ないこと」（イ・オックムさん）

「できることなら一発殴ってやりたい。私たちは国がなかったから強制的に連れて行かれたのだ」（キム・グンジャさん）

「あなたには私たちの〝恨《ハン》〟は分からない。私たちの心に刺さった釘《くぎ》を抜くどころか、新たな釘を打ち込んだあなたは教授の資格がない」（カン・インチュルさん）

李教授は四〇分余続いた元慰安婦たちの叱咤《しった》の言葉と嘆きの声を黙って聞いていた。しかし、とても困惑した表情

ソウル大学教授・李栄薫が土下座させられたナヌムの家（著者撮）

だった。

（二〇〇四年九月四日付『朝鮮日報』より一部引用）

職業に明確な貴賤《きせん》があり、学歴差別が当然視されている韓国社会において、ソウル大学教授という地位は現代の両班《ヤンバン》（貴族階級）であり、財閥一族を別にすればヒエラルキーの最上位に近い、まさに雲の上の存在です。それが、「元慰安婦」の老婆に土下座させられたのですから、韓国の価値観からすれば、これはとんでもない大事件だったのです。

この事件が韓国社会に与えた衝撃は大きく、韓国内で反日団体の慰安婦問題についての主張に表立って異論を唱える人間は誰もいなくなりました。この事件によって「親日派」は一掃されたわけです。日本統治時代の思い出を肯定的に語る老人は殴り殺され、歴史の真実を語る学者は恫喝されて土下座させられる、それが韓国なのです。韓国では反日のためなら言論の自由も学問の自由もないのです。

そもそも韓国人と歴史について議論することは不可能なのかもしれません。かつて「日韓歴史共同研究」という日本と韓国が共同で行なった歴史研究会がありました。この研究会の様子について、参加した古田博司筑波大学教授は、月刊誌『諸君！』二〇〇六年四月号に掲載された対談の中で紹介しています。

日韓の研究者の意見が対立したときに、日本側が「資料をご覧になってください」というと、韓国側は立ち上がって「韓国に対する愛情はないのかー！」と怒鳴り、さらに日本側が「資料を見てくれ」と言い返すと、「資料はそうだけれど」とブツブツ呟《つぶや》いて、再び「研究者としての良心はあるのかー！」と怒鳴り始めたそうです。

これが韓国を代表する歴史研究者の水準だとすれば驚きを禁じ得ません。この歴史研究家はお笑い研究会に改称すべきだったのではないでしょうか？

このような韓国人研究者の態度について古田教授は、「民族的感情を満足させるストーリーがまずあって、それに都合のいい資料を貼り付けてくるだけなんですね。当然、それ以外の様々な資料を検討していくと、矛盾、欠落、誤読がいっぱい出てくる」と批判しています。

この研究会の最大の成果は、韓国人は歴史の研究者であってもまともに議論することが不可能であると実証されたことではないでしょうか？　歴史を専門に研究している学者ですら話にならないとしたら、一般の韓国人と議論などしても、おそらく時間の無駄に終わるだけでしょう。いや、無駄に終わるだけならまだしも、逆上した韓国人から暴力による報復を受ける危険性もあるのです。

■ 韓国人と歴史論争をしてはいけない

ある出版社の編集者から聞いた話ですが、彼の知り合いに韓国人に襲われて目を潰されて失明した人がいるそうです。

その人は中国に留学していたとき、クラスメイトの韓国人留学生から日韓の歴史問題について論争を挑まれて、大勢の前で論破して返り討ちにしたそうです。それから数日後、逆恨みした韓国人に闇討ちされてしまったのです。夜道で後ろから鈍器で殴られ、昏倒《こんとう》したところでさらに顔を殴られて、顔の骨を砕かれ両目を潰されるという重傷を負わされました。

気を失っている間に病院に搬送され、緊急手術を受けたところ、片方の目は視力が極度に落ちたものの幸いなんとか見えるまで回復しました。しかし、もう片方はほとんど失明してしまったそうです。その韓国人は襲撃したその日のうちに中国を出国して韓国に逃亡したので、今も捕まっておらず何の罰も受けていないということです。

襲撃が行なわれたのが歴史論争から数日後であること、武器を用意して待ち伏せしていたことなどを考えると、怒りに我を忘れて思わず手を出してしまったというわけではなく、かなり計画的な犯行であったと思われます。さらに事前に国外逃亡の準備をしていたということは、軽傷程度で済ませるつもりはなく、重度の障害が出るような重傷を負わせる、あるいは殺害することも視野に入れていたのでしょう。

この韓国人は被害者の目を狙って重点的に殴っており、失明させて〝病身《ビョンシン》（韓国の障碍《がい》者に対しての差別語）〟にしてやろうという明確な意志と強い悪意が感じられます。なんという卑劣さでしょうか。

おそらくこの韓国人は自分が正しいことをしたと心から信じていて、「歴史を反省しないチョッパリ（日本人を示す差別語）を成敗してやった」と周囲の人間に得意気に自慢していることでしょう。なんとも恐ろしい話ですが、韓国人に歴史問題に関して反論することは、文字通り命懸けの行為なのです。

日本国内でもこれに近い事件は起こっています。二〇一四年五月二五日、埼玉県川口市で「在日特権を許さない市民の会」（在特会）が移民受け入れ反対を訴えるデモ行進を行ないましたが、参加者の一人がデモに向かう途中で反在特会の在日韓国・朝鮮人から集団暴行を受けて、重傷を負わされました。

拙著『マンガ嫌韓流《けんかんりゅう》』（晋遊舎）や『マンガ大嫌韓流』（同）などでは、主人公の日本人が韓国人を論破するシーンがよく出てきますが、あれはあくまでも漫画の中の話であり、フィクションであることを忘れないでください。実際に韓国人と歴史の話をするときは、相手をよく選ばないと闇討ちされて、最悪の場合、殺される危険があることを覚えておいたほうがいいでしょう。

この話をしてくれた編集者自身も、学生時代にオーストラリアを旅行したとき、観光地でいきなり韓国人旅行者から「植民地支配についてどう思うか」と聞かれたそうです。幸いにもお互いの英語力が充分でなかったため、まともな論戦にならず殴られずに済んだそうですが、海外で韓国人から歴史論争を挑まれるのは決して珍しい話ではないのです。海外旅行中はスリや置き引き、引ったくり、強盗、そして何より韓国人にくれぐれも気をつけてください。

■日本を核攻撃する映画が最高の評価を受ける国

韓国人にとって日本という国は「敵国」に他なりません。はっきりいってしまえば、韓国人の最大の願望とは「韓日戦争で勝利し、日本と日本人を滅ぼしたい」というものなのです。韓国人にとっては慰安婦問題など過去の歴史を反省しない日本への懲罰、植民地支配（実際は併合）されたことへの復讐《ふくしゅう》であって、これはもう理屈を超えた民族の悲願なのです。

彼らの歪んだ願望を慰撫《いぶ》するために、韓国には「韓日戦争で日本をやっつける」という内容の娯楽作品が数え切れないほど存在します。映画『ムクゲの花が咲きました』（一九九五年公開。同名のベストセラー小説が原作）、映画『ユリョン』（一九九九年公開）など、特に日本を核攻撃する内容の作品が人気を集めているようです。

この『ユリョン』については、ぜひ多くの皆さんに知っておいていただきたいので、少し詳しく紹介したいと思います。

韓国軍の潜水艦内で反乱が起こって艦長が殺害され、日本の主要都市に核ミサイルを撃ち込もうとする副艦長たち「核攻撃派」と、それに反対する主人公たち「時期尚早派」が対立する、というストーリーです。

この作品の最大の見所は、物語の中で日韓戦争が勃発しているわけでもないのに、なぜか日本を核攻撃しようという展開になるところでしょう。なぜ戦争相手でもない日本に核ミサイルを撃ち込んで日本人を虐殺しなければならないのか、その理由がろくに描かれぬままストーリーが進んでいくのです。

おそらく「チャンスがあれば日本を核攻撃する」という考えは、韓国人にとって当たり前すぎることなので、わざわざ理由を説明するシーンなど入れる必要がなかったのではないでしょうか。

核兵器で日本人を虐殺することは民族的悲願であり、国民的コンセンサスとして広く共有されているのでしょう。主人公側もあくまで「時期尚早派」であり、主に「韓国も被害を受けるから」という理由で反対しているに過ぎないのです。

日本人からすると理解不能で完全に狂っているとしか思えないのですが、この作品は韓国のアカデミー賞といわれる大鐘賞《テジョン》の六部門を受賞しており、韓国内では最高に近い評価を受けているのです。韓国人とは共存できないことをはっきりと理解させてくれる、日本人にとってはどんなホラー映画よりも背筋が凍る、本当に素晴らしい作品です。

もし韓国が核兵器を保有することになったら、その照準は間違いなく日本に向けられることを、「時期尚早」でなければ躊躇《ちゅうちょ》なく発射して日本人を虐殺するであろうことを、私たち日本人は知っておくべきでしょう。

■やはり日本を核攻撃したい韓国

二〇一三年五月二〇日付『中央日報』に、日本に原子爆弾が投下されたのは「神の懲罰」であると主張する記事「安倍、丸太《マルタ》の復讐を忘れたか」が掲載されました。


神は人間の手を借りて人間の悪行を懲罰したりする。最も苛酷な刑罰が大規模空襲だ。歴史には代表的な神の懲罰が二つある。第二次世界大戦が終結に向かった一九四五年二月、ドイツのドレスデンが火に焼けた。六カ月後に日本の広島と長崎に原子爆弾が落ちた。

これらの爆撃は神の懲罰であり人間の復讐だった。ドレスデンはナチに虐殺されたユダヤ人の復讐だった。広島と長崎は日本の軍国主義の犠牲になったアジア人の復讐だった。特に七三一部隊の生体実験に動員された丸太の復讐であった。

（中略）

ある指導者は侵略の歴史を否定し妄言でアジアの傷をうずかせる。新世代の政治の主役

という人が慰安婦は必要なものだと堂々と話す。安倍は笑いながら七三一という数字が書かれた訓練機に乗った。その数字にどれだけ多くの血と涙があるのか彼はわからないのか。

（中略）

彼の行動は彼の自由だ。だが、神にも自由がある。丸太の冤魂《えんこん》がまだ解けていなかったと、それで日本に対する懲罰が足りないと判断するのも神の自由だろう。

（キム・ジン論説委員・政治専門記者）

この記事から「韓国が神の代行者となり、原子爆弾という神の懲罰を日本に対して下してやりたい」という韓国人の強烈な願望がにじみ出ているように感じるのは、きっと私だけではないと思います。さらに「日本に対する懲罰が足りないと判断するのも神の自由」と、日本に核攻撃を行なうべきであると示唆する文章で締めくくられています。

『中央日報』は、『朝鮮日報』、『東亜日報』とともに韓国の三大紙と称される大手新聞です。これを書いたキム・ジン論説委員は、過去に「大韓言論賞」を受賞しており、韓国では優れたジャーナリストの一人とされているそうです。

こんな呪詛《じゅそ》のような凄まじい文章が匿名掲示板の無責任な書き込みではなく、韓国を代表する新聞に掲載されたのですから、まったく驚く他ありません。いかに反日が韓国社会に浸透して受け入れられているか、その病理の深さがはっきりと表れているのではないでしょうか。

この記事に対して、長崎市の田上富久《たうえとみひさ》市長や広島市の松井一實《かずみ》市長などが批判したほか、菅義偉《すがよしひで》官房長官も「断じて許すことはできない」と発言し、在韓国日本大使館を通じて中央日報に遺憾の意を伝えるという騒動に発展しています。

「七三一部隊」とは「関東軍防疫給水部本部」が正式名称で、第二次世界大戦中に満州を拠点に細菌兵器の研究・開発を行なっていた部隊であるとされています。日本共産党機関紙である『しんぶん赤旗』での連載をまとめた『悪魔の飽食』（森村誠一、光文社）などによると、部隊内で「丸太」という隠語で呼ばれていた中国人や朝鮮人などを被験者にして、人体実験や解剖が行なわれていたとされています。

記事中で七三一部隊にわざわざ触れているのは、安倍晋三首相が二〇一三年五月一二日、宮城県の航空自衛隊松島基地を訪れた際、試乗した飛行機の機体番号が「七三一」だったことに絡めているのです。

安倍首相が「七三一」機に乗り込む映像がニュースで報じられると、多くの韓国人が

「七三一部隊を連想させる挑発行為、軍国主義的パフォーマンスだ」と大騒ぎを始めたのです。

安倍首相がそのようなパフォーマンスをやらねばならない理由などあるはずがなく、単なる偶然でしかないのは明らかですが、韓国メディアは「日本の右傾化の象徴」「軍国主義復活の証拠」であるとして大真面目に批判したのです。常に日本を監視して反日ネタを探すことに余念がないストーカー国家、それが韓国なのです。このストーカーは日本への憎悪と被害妄想で完全におかしくなっており、チャンスがあれば日本人を殺したい、核攻撃したいという願望をほとんど公然と主張するようになり、もはや隠そうとすらしていないのです。

朝鮮戦争の日本の貢献と竹島不法占拠

そもそも李承晩《イスンマン》率いる反日テロリスト集団によって建国されたのが韓国という国です。初代韓国大統領に就任した李承晩は建国翌年の一九四九年に対馬《つしま》領有を宣言し、日本侵略を開始しようとしました。しかし翌年に朝鮮戦争が勃発したことで、対馬侵略計画は頓挫することになったのです。金日成《キムイルソン》が南進を決断しなかったら、対馬は韓国に奪われていたかもしれないのです。

朝鮮戦争中、日本は国連軍（主に米軍）の兵站《へいたん》の役割を担い、物資や兵員の海上輸送、物資の供給、兵器の整備・修理などを行ないました。さらに米軍の要請によって掃海部隊が編成され、朝鮮半島近海に敷設された機雷の除去作業を行なっており、その際に触雷などによる死傷者が出ています。日本は主権を回復する前で、さらに憲法第九条があったため、正式には参戦していませんが、国連軍の後方支援活動という形で韓国を助けたのです。

しかし多くの韓国人は日本の貢献に対して感謝するどころか、「日本は我々の不幸な戦争を利用して、戦争特需で大儲けをして経済復興した。汚い奴らだ」などと本気で考えているのです。

韓国初代大統領　李 承晩

二〇一三年に韓国政府は朝鮮戦争休戦六〇年記念式典をソウルの戦争記念館で開催しました。国連軍として参戦した国など二六カ国が招かれ、式典の中で朴槿恵大統領は参戦者に対して感謝の意を表しましたが、日本は招待されませんでした。

「正式な参戦国ではなかった」という理屈をつけて日本を招待しなかったそうですが、慰安婦問題などで譲歩しない日本への意趣返しであることは間違いないと思われます。一国の政府がまるで小学生のイジメのような幼稚なことをやったのですから、多くの日本人は怒りを感じるよりも、むしろ呆れてものが言えなかったのではないでしょうか。

朝鮮戦争は一九五一年七月から断続的に休戦会談が行なわれるようになりました。実質的に休戦状態になったことで戦力に余裕が生まれた韓国は、一九五二年一月一八日に「李承晩ライン」を宣言して島根県の竹島を侵略・占拠しました。

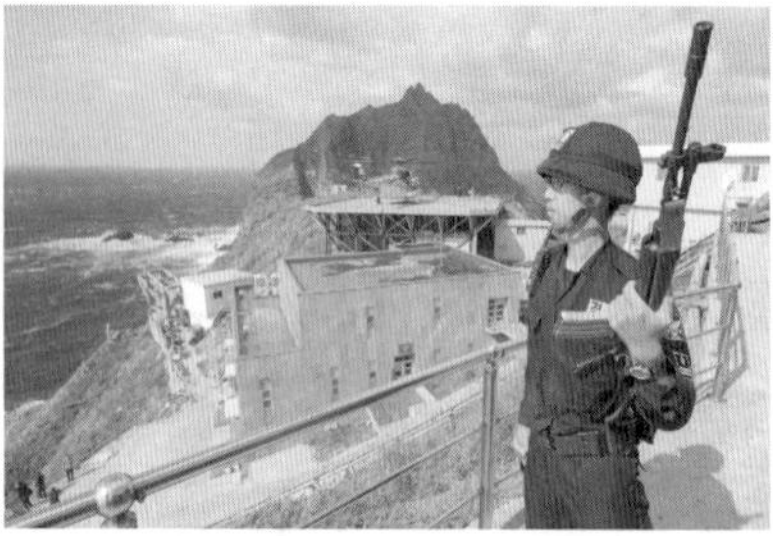
不法占拠された竹島。写真：ロイター／アフロ

李承晩ラインとは、韓国が海洋資源を独占し、領土を拡張する目的で、日本の主権回復を承認するサンフランシスコ平和条約の発効直前に、一方的に公海上に設定した軍事境界線、排他的経済水域です。

当時は日本の主権が回復する前で、また海上自衛隊も存在しておらず、さらに憲法第九条に縛られており、どうすることもできなかったのです。第九条を狂信的に神聖視する一部左翼の人たちは「憲法第九条があれば日本は戦争に巻き込まれず平和国家でいられる」などと主張していますが、少なくとも韓国に対しては何の抑止効果もなかったことが明らかです。

日本は朝鮮戦争において兵站基地として後方支援することで多大な貢献をし、また機雷除去作業などで多くの殉職者を出しました。李承晩ラインが宣言されたとき、朝鮮戦争は休戦会談が行なわれており、実質的に休戦状態になったとはいえ、まだ正式には戦争が終わっていませんでした。

そのような状況で事実上の同盟国として韓国を支援していた、いわば恩人である日本に対して、奇襲攻撃をかけて竹島という日本固有の領土を侵略して強奪したのです。世界史を紐解《ひもと》いてもここまで汚い話はちょっと見つからないのではないでしょうか？

一九六五年に日韓漁業協定が締結されるまでの一三年間に、韓国の不法拿捕《だほ》により拉致《らち》・抑留された日本漁民は三九二九人、拿捕された船舶数は三二八隻、死傷者は四四人。竹島は今も韓国に不法占拠された状態が続いています。

竹島問題について日本のメディアが報じる際、TVのニュース番組などではアナウンサーが「日韓が互いに領有権を主張する～」と枕詞《まくらことば》のようにいうのをよく聞きますが、日本にも韓国にもそれぞれ理があって同じ立場で争っているかのように聞こえるので、どうしても違和感を禁じ得ません。竹島問題とは、韓国による日本領土への軍事侵略、日本人漁民（民間人）の虐殺・拉致という国家犯罪であり、日本は完全かつ一方的な被害者に他ならないのです。

加害者・侵略者の韓国が被害者の日本に対して、「独島（竹島）侵略を許さない！」などと非難を浴びせるという意味不明の状態があまりにも長く続いていたためか、我々日本人の感覚はどこか麻痺《まひ》してしまっているように感じます。韓国は侵略国家で、多くの日本人を虐殺した犯罪国家であり、現在も領土（竹島）が侵略・不法占拠された状態が続いていることを忘れてはならないのです。

韓国は日本の同盟国でも友好国でもなく、様々な日韓の歴史や韓国社会の反日の実態を見てわかるとおり、日本側としては、「敵国」「加害国」と認識するのが妥当といわざるを得ないでしょう。

■日本の戦後補償は一切が解決済み

さらに韓国は、一九五〇年当時、拉致・抑留していた約四〇〇〇人の日本人を人質として、国交正常化交渉を有利に進めようとしたのです。二〇一五年一月にイスラム国を名乗るテロリスト集団が日本人二名を人質にして「身代金を支払わなければ殺害する」と日本政府を脅迫する事件がありましたが、当時の韓国政府もテロリストと本質的に同じ手口を用いて日本政府を脅迫したのです。結果として三億ドル相当の生産物・役務（無償）、有償二億ドル、民間借款《しゃっかん》三億ドル、計八億ドルもの巨額の「経済協力金」を日本からむしり取ることに成功しました。

八億ドルというと少なく感じるかもしれませんが、日韓基本条約締結当時（一九六五年）の韓国の国家予算は三・五億ドル、日本の外貨準備額は一八億ドル程度で、一ドル＝三六〇円、大卒初任給は現在の一〇分の一の約二万円（現在は約二〇万円）という時代です。そこから単純計算すると、

八億ドル×三六〇円＝二八八〇億円

二八八〇億円×一〇＝二兆八八〇〇億円

大雑把《おおざっぱ》な計算ですが、韓国に支払った八億ドルという金額は、現在の貨幣価値に換算すると、なんと二兆八八〇〇億円にもなるのです。さらに日本は朝鮮半島に残してきた膨大な資産を放棄しています。大蔵省財政史室編『昭和財政史　終戦から講和まで』（一九八四年、東洋経済新報社）によると、その資産額は五三億ドルに上るのです。これも同じように計算すると、現在の貨幣価値に換算して一九兆円というとんでもない金額になります。

ともかく一九六五年に日韓基本条約とその付随協約である日韓請求権協定が締結されたことで、両国間の財産、請求権一切の完全かつ最終的な解決が確認されました。

韓国政府は日本から受け取った協力金の大部分をインフラ整備や企業への投資に使用したため、個人補償はほとんど行なわれませんでした。それによって「漢江《ハンガン》の奇跡」と呼ばれる経済発展を成し遂げて、世界最貧国の地位から抜け出すことができたのですから、限りある資金を見事に有効活用したと評価されていいでしょう。しかし、国民の反発を恐れたのか、韓国政府は条約の内容を国民に対して積極的に公開せず、補償問題が完全かつ最終的に解決していることを隠蔽《いんぺい》し続けてきました。

そのため韓国では長い間「日本は韓国に補償をしていない」という誤解が続いていて、反日団体などが日本に対して「徴用被害者」などへの補償を求める訴えや抗議活動を行なってきたのです。また二〇〇五年四月の韓国国会では与野党議員二七人が、日韓基本条約を破棄し、「日本統治下に被害を受けた個人への賠償」などを義務付けた新しい条約を締結するように求める決議案を提出しています。

二〇〇九年八月一四日付『聯合ニュース』によると、ソウル行政裁判所による情報公開によって韓国人の個別補償は日本政府ではなく韓国政府に求めなければならないことがようやく韓国国民にも明らかにされました。それを受けて、日本への「徴用被害者」の未払い賃金請求は困難であると、ついに韓国政府が正式に表明するに至ったのです。

一九六五年の日韓条約締結から四四年間も経って、韓国人はようやく真実を知ることになったのです。また同記事では「(徴用の) 被害者らの未払い賃金を放棄する見返りとして、同協定締結の際に経済協力資金を受け取った点も (韓国政府は) 認めたため、波紋を呼びそうだ」としています。韓国の反日団体などは、それまでそんなことも知らずに「日本政府は賠償しろ!」などと騒いでいたのでしょうか? それにしてもよく最近まで隠し通すことができたものだと逆に感心させられます。

この報道があった当時は「補償問題は国交正常化の際に日本から受け取った『経済協力金』で全て終わっていること、そして補償や賠償の請求は韓国政府への要求となることを、韓国政府自身がはっきりと認めたのだから、これで問題は完全に解決した」と多くの日本人は考えました。しかし、やはり韓国はこんなことで諦めたりするような生半可な国ではなかったのです。

■国際条約ですら反日韓国では無効

韓国最高裁は「日本統治時代の徴用者に対し、日本企業は賠償責任がある」という趣旨の判決を出したのです。二〇一二年五月二四日付『中央日報』の記事を引用します。

報道によると、最高裁は二四日、イ・ビョンモクさん（八九）ら徴用者八人が日本三菱重工業と新日本製鉄を相手に起こした損害賠償請求訴訟の上告審で、原告敗訴判決の原審を破棄し、原告勝訴の趣旨で事件をそれぞれ釜山高裁とソウル高裁に差し戻した。

最高裁は「一九六五年に締結された韓日請求権協定は日本の植民支配の賠償を請求するための交渉ではないため、日帝が犯した反人道的不法行為に対する個人の損害賠償請求権は依然として有効」とし「消滅時効が過ぎて賠償責任はないという被告の主張は信義誠実

の原則に反して認められない」と明らかにした。

最高裁は、Iさんらが日本で起こした同じ趣旨の訴訟で敗訴確定判決が出たことに関し、「日本裁判所の判決は植民支配が合法的だという認識を前提としたもので、強制動員自体を不法と見なす大韓民国憲法の核心的価値と正面から衝突するため、その効力を承認することはできない」と述べた。

（二〇一二年五月二四日付『中央日報』より一部引用）

日韓基本条約、日韓請求権協定などを認めないとする、まさに前代未聞の画期的な判決です。日韓二国間で結んだ正式な国際条約が破られようとしているのです。

何度も繰り返しますが、日韓請求権協定（正式名称「財産及び請求権に関する問題の解決並びに経済協力に関する日本国と大韓民国との間の協定」）によって、日韓両国間の財産、請求権一切の完全かつ最終的な解決が確認されており、この問題はとっくに終わっているはずなのです。

韓国では歴史だけでなく国際法などのルールまでもが、いとも簡単にねじ曲げられるのです。どうやってこんな国と友好関係を築けばいいのでしょうか？

日韓友好論者や親韓日本人は韓国のこのような実態を完全に無視しているといわざるを得ません。

「韓日請求権協定は日本の植民支配の賠償を請求するための交渉ではない」のは当たり前です。日本は朝鮮半島を国際法に則って合法的に併合（植民地ではない）しており、第二次世界大戦においても韓国と交戦状態にあったわけではないので、そもそも日本は韓国に賠償金を支払う理由が何もないのです。しかし、それでは韓国政府は納得するわけがなく、国交正常化交渉は決裂するしかなくなるので、日本が韓国に対して事実上の賠償金となる「経済協力金」を支払うことで両国が合意したという経緯があったわけです。

さらに韓国は強制動員（徴用）自体を不法と見なしているそうですが、いうまでもなく当時は韓国などという国は存在していませんでした。国民徴用令は、朝鮮半島を統治する唯一の合法政府である日本政府によって制定されたものであり、その法に基づいて行なわれた徴用はもちろん「不法」と見なすことはできないのです。

実は韓国は「日韓併合条約は無効であり、だから日韓併合は無効である」と主張しているのです。そのため日韓基本条約の締結に際し、かつて締結された日韓併合条約をどう扱うかについて問題になりました。

韓国側は「日韓併合条約は無効である」と主張したのに対し、日本側は「日韓併合条約は有効で、併合は合法的な手続きによって行なわれた」という立場でした。それで日韓併合条約については「もはや無効（already null and void）であることが確認される」という玉虫色の表現で決着を図ったのです。

日韓基本条約の締結によって、韓国側は「日韓併合条約は（当時から）無効であることが確認される」と解釈しているのに対し、日本側は「日韓併合条約は（現時点から）無効になることが確認される」という解釈なのです。

そこまでして国交正常化などする必要があったのか？　と思われる方も多いかもしれませんが、先に述べたように日本人漁民が人質に取られていたことに加え、当時は東西冷戦の時代で、共産主義国家との戦いに日韓を連携させたい米国の思惑などもあって、日本としては妥協せざるを得なかったのです。

この日韓基本条約を無視した最高裁判断を受けた差し戻し控訴審で、ソウル高裁は二〇一三年七月一〇日、原告四人に一人あたり一億ウォン（約九〇〇〇万円）の支払いを命じています。新日鉄住金（二〇一二年一〇月に新日鉄製鉄と住友金属が統合）は判決を受けて「不当な判決であり遺憾」としており、菅義偉官房長官は「日韓間の財産請求権の問題は解決済みという我が国の立場に相いれない判決であれば容認できない」と述べています。

新日鉄住金は上告する意向を示していますが、もし最高裁でも敗訴するようなことが起こった場合、韓国では日本への個人補償の請求権が「復活」することになります。そうなると日韓の戦後補償の枠組みは完全に崩壊して、おそらく数兆円規模の賠償請求が行なわれることになると予想します。

日韓基本条約の交渉時に韓国政府は、強制動員（徴用）の被害者数は一〇〇万人以上だと主張しています。そのうち何人が存命なのか知りませんが、仮に全員存命しているとすると、一〇〇万人×九〇〇万円＝九兆円の賠償請求という凄まじい数字になります。存命者が半数なら四兆五〇〇〇億円、存命率一割だとしても九〇〇〇億円。

さすがに日本人の怒りも爆発して、日韓関係は取り返しのつかないところまで悪化することになるのではないでしょうか？　もしそれが現実のものとなれば、日本資本の引き上げや経済制裁など、嫌韓派の日本人が泣いて喜びそうな展開が予想できるのです。いったい最高裁でどのような判決が出るのか、それが日韓関係の根底を覆すターニングポイントになるのか、注視していきたいと思います

第二章 日帝七奪の大嘘と韓国英雄テロリスト伝

■韓国の英雄はテロリスト！

二〇一四年一一月四日付『マネートゥデイ』のインタビュー記事で、誠信女子大学教授の徐敬徳《ソギョンドク》が「韓国を代表する一〇人の英雄」を発表しています。歴史学者や評論家など三〇〇人以上の識者にアンケート調査し、最も多かった一〇人を選定したとのことですが、なんとそのうち三人が安重根《アンジュングン》、金九《キムグ》、尹奉吉《ユンポンギル》という殺人犯のテロリストだったのです。

徐敬徳はアンケート調査を実施して英雄を選定した理由について、「韓国に多くの英雄がいたことを知らしめるため」とし、さらに「インドのガンジーや米国のリンカーンなど、偉大な人物の存在が国のブランドとイメージを高める役割を果たしている」と語っています。この大学教授はガンジーもリンカーンもテロリストによって殺害されていることを知らないのでしょうか？

韓国人がテロリストを英雄扱いしてテロによる殺人を賛美している以上、韓国のブランドとイメージは高まるどころか、異常国家であるという認識が広まるばかりでしょう。

この三人のテロリストの名前を知っている日本人はあまりいないと思いますが、韓国では「抗日闘争の英雄」として教科書にも出てくる、子供でも知らぬ者がいない有名な偉人たちなのです。

この記事ではアンケート結果の順位は明かされていませんが、おそらく安重根がダントツの一位だったのではないかと思います。安重根は一九〇九年に前韓国統監の伊藤博文《ひろぶみ》を満州のハルビン駅構内で襲撃して殺害した朝鮮人テロリストです。

初代韓国統監で日本の初代総理大臣を務めた超大物の殺害に成功したため、安重根は反日テロリストの中でも別格の扱いを受けて「義士」などと呼ばれており、韓国では今も国民的英雄として尊敬されているのです。

伊藤博文が韓国併合について反対の立場をとっていたことはよく知られています。朝鮮半島を併合することで発生する財政的負担は、日露戦争で疲弊した日本の国力を超えていると考え、主に経済的理由から反対していたのです。実際に三五年間の朝鮮半島統治は常に赤字経営であり、公債を発行したり、「補充金」として日本人の税金を注ぎ込んだりすることで、どうにか朝鮮の財政を支えていたというのが実情なのです。現在の韓

安重根

国人は「日本統治下で朝鮮人は過酷な搾取に苦しんでいた」と主張していますが、実際のところ過酷な搾取を受けていたのは内地の日本人の納税者のほうだったのです。

李朝末期というのは、当時の朝鮮国王・高宗《こうそう》（李朝第二六代王）の無能に加えて、興宣《フンソン》大院君（高宗の父）と閔妃《ミンピ》（高宗の妃）の権力闘争などによって、朝鮮半島は混乱を極めていました。財政も完全に破綻しており、売官や賄賂、民衆収奪が横行し、さらにはロシアなどに各地の鉱山採掘権、森林伐採権、漁業権などを切り売りしていたのです。日清戦争も日露戦争も結局のところは、朝鮮半島が不安定だったために起こった戦争でした。朝鮮最大の政治結社であった一進会をはじめ、朝鮮の様々な団体や有識者たちから日本との合邦を訴える声が上がっていたのです。

一進会とは、日本の明治維新を手本にして朝鮮の改革・近代化を図るために、李容九《イヨング》、宋秉畯《ソンビョンジュン》などが中心となって一九〇四年に結成された政治団体で、公称一〇〇万人の会員を擁する朝鮮最大の政治勢力でした。安重根による伊藤博文暗殺テロに衝撃を受けた一進会は、暗殺事件直後の一九〇九年一二月に皇帝純宗《じゅんそう》、首相李完用《イワニョン》、韓国統監曾禰荒助《そねあらすけ》に対して「韓日合邦を要求する声明書」（韓日合邦建議書）を送り、日本との合邦を会員一〇〇万人といわれる会員全員の連名で要請したのです。李容九はあくまで対等合邦を主張しましたが、宋秉畯は国力の差から対等合邦は困難であるとして韓日併合論を展開しました。一進会の主張は必ずしも民意を代表したものではなかったという意見もあります。しかし、当時の人口の大部分を占める白丁《ペクチョン》（奴隷・賤民階級）は政治参加の権利どころか人権すら認められず、両班（貴族階級）に生殺与奪を握られて搾取されるだけの哀れな存在でした。そもそも民意などというものは、当時の朝鮮半島には存在しなかったのではないでしょうか？

一九一〇年八月二二日、日韓両国は日韓併合条約を締結し、これをもって正式に韓国が併合されて、朝鮮半島は日本の一部となったのです。

安重根は日韓併合に反対していた伊藤博文を殺害したことで、結果として併合への動きが加速されたのではないかとする批判もあります。しかし逆にいえば、伊藤博文を殺害することで併合への障害を取り除き、朝鮮人は未開の最貧国から大日本帝国という一等国の国民になることができたのですから、そういう意味ではたしかに安重根は朝鮮を救った英雄なのかもしれません。

現在の韓国は米国と中国を天秤《てんびん》にかける「コウモリ外交」を行なって、東アジア情勢を不安定にしていますが、李朝も同様に清・ロシア・日本の間を揺れ動く「コウモリ外交」

を行なって、やはり当時の東アジア情勢を不安定にしていたのです。朝鮮民族の特性である事大主義（＝属国・奴隷根性）は一〇〇年経っても何も変わっていないのです。

現在の「コウモリ外交」は米国からも中国からも睨《にら》まれてどうやら破綻寸前のようですが、李朝の「コウモリ外交」も最終的には併合による王朝の消滅という結果に終わっています。韓国人には歴史から学ぶという発想がないのかもしれません。

■米国駐韓大使を襲ったテロリストも英雄

二〇一五年三月五日、米国のマーク・リッパート駐韓大使がソウルの世宗《セジョン》文化会館での朝食会で金基宗《キムギジョン》という韓国人テロリストにナイフで襲われ、右頬などを八〇針も縫う重症を負いました。

金基宗は二〇一〇年七月にソウル市内で講演を行なっていた日本の重家俊範《しげいえとしのり》駐韓大使にコンクリート片を投げつけ、外国使節に対する暴行の罪で懲役二年、執行猶予三年の有罪判決を受けたことがあります。金基宗は「ウリマダン独島守護」などの反日団体の代表であり、被害者が日本大使だったことでテロは「義挙」と称えられ、韓国国民から喝采を浴びて英雄と見なされていました。

世論に迎合する傾向が強い韓国司法には、現代の安重根である金基宗に対して実刑を下すことができず、「反日無罪」（反日のためなら何をやっても許される）によって執行猶予がついたのではないかといわれています。このように日本大使へのテロで英雄になった金基宗が、今度は米国大使に対してテロを起こせば自分の名声がさらに高まると考えたのは、当然の成りゆきだったといわざるを得ません。

二〇一五年三月一七日付『朝鮮日報』の報道によると、金基宗は韓国政府の予算から資金援助も含めたさまざまな支援を受けていたことが明らかになっています。

文化体育観光部（日本の文化庁、観光庁などに相当）は金基宗が設立した団体「ウリマダン」による伝統芸能「マンソクチュンノリ」の公演に、二〇〇〇年から〇八年にかけて計四回にわたり、総額二〇〇〇万ウォンの支援を行なっています。マンソクチュンノリは北朝鮮の開城《ケソン》地方に伝わる影絵人形劇で、金基宗は統一運動などに活用してきたそうです。

二〇一一年にも文化体育観光部の関連団体である映画振興委員会が、「ウリマダン」主催の公演に三〇〇万ウォンの支援を行なっています。さらに映画振興委員会は二〇一二年から一四年にかけて「ウリマダン」主催のイベントに、ソウル映像メディアセンターを無償で貸し出し、後援名義の使用も許可していたのです。つまり二〇一〇年七月の日本大使襲撃事件の後も韓国政府は、このテロリストに資金援助など様々な支援を行なっていたのです。このような国は一般に「テロ支援国家」と呼ばれています。

金基宗の犯行動機は「米韓合同軍事演習に反対するため」であり、リッパート大使を標的にしたのは「米国を代表する象徴的人物だから狙った」と供述しているそうです。「韓国の保護国化に反対するため」「大韓独立主権侵奪の元凶」としてテロの標的となった伊藤博文の暗殺とよく似ているのではないでしょうか。

勝手な思い込みで外国人を襲うのは安重根の時代から何も変わっておらず、韓国人の民度はまるで上がっていないようです。韓国は安重根のような殺人テロリストを英雄として遇する「テロ称賛国家」なので、韓国人にとってテロとは憎むべき犯罪ではなく英雄的行為なのでしょう。

金基宗も安重根に憧れて、安重根のように外国の要人を殺害することで、英雄として歴史に名を残したかったのかもしれません。

事件当日、朴槿惠大統領は中東を訪問中でしたが同日電話でリッパート大使を見舞い、「事件のニュースに接し驚きを禁じ得なかったし、胸が非常に痛い」「米韓同盟に否定的な影響が出ないよう米国政府と緊密に協力する」と伝えたほか、「韓国と米国の同盟に対する攻撃であり、決して容認できない」と非難したそうです。

伊藤博文の訃報を聞いた純宗皇帝は明治天皇に宛てて電報を送り「本日伊藤公哈爾濱《ハルビン》に在りて兇徒《きょうと》の為に難に逢うの報に接し驚愕痛恨に堪えず」と打電し、高宗も「恥ずかしさの極限」であるとして陳謝しています。しかし現在の韓国政府は安重根を「英雄」「義士」、テロを「義挙」として賞賛しているので、当時の韓国政府の陳謝はなかったことになっているのでしょう。

もしかすると金基宗も将来の米韓関係や世界情勢の推移によっては、「抗米闘争の英雄」として教科書に登場する偉人となり、「金基宗義士」と称えられているかもしれません。その場合リッパート大使は「朝鮮半島分断の元凶」とされ、朴槿恵大統領の謝罪もなかったことになるのでしょうか?

■ 安重根はそのうち将軍だったことになる!?

二〇一四年一月には「安重根記念館」がハルビン駅内（中国黒竜江省）に開館していま

す。朴槿恵大統領が二〇一三年六月に北京を訪問した際に、習近平国家主席に要請して開館が実現したのです。これを受けて菅義偉官房長官は、「極めて遺憾だ」と述べ、「日本の初代首相を殺害し、死刑判決を受けたテロリストだ」との見解を示しました。それに対し韓国政府は「日本政府を代表する官房長官がこのような無知な発言をするとは驚きだ。これは日本が依然として侵略の歴史を美化、正当化する誤った歴史認識を持っていることの表れである」と反論しています。

まったく何の反論にもなっていないと思うのですが、それはつまり「安重根はテロリスト」という批判に対し、まともに反論することができないということなのでしょう。

二〇一〇年三月二四日付『東亜日報』によると、韓国陸軍は「公式に安重根義士の呼称を『将軍』と呼ぶことを決めた」と発表しています。韓国陸軍は安重根の将軍呼称を決定した理由として「安義士が自ら軍人であると強調したことがあり、安義士の精神を軍人精神の基本にするという趣旨で、安重根将軍に呼称を決めた。将軍の呼称は階級的な意味ではなく、国家危機に身を捧げるという象徴的かつ包括的な無官の意味だ」と説明していますが、何をいっているのか理解できないのは私だけではないと思います。

一方、国家報勲処は将軍呼称に反対しています。金揚《キムヤン》報勲処長官は記者会見を開き、

「数十年に一人出るか出ないかの義士を、毎年六〇人輩出される将軍と呼ぶのは不適切だ。これまで義士と呼んできた方をむしろ降格させることになる」と反対する姿勢を明らかにしています。

ほとんどの日本人にとってはまったく興味のない、かなりどうでもいい話であり、「義士でも将軍でも大統領でも、韓国人が好きなように呼べばいいじゃないか」と思われるかもしれません。

しかし私はこの将軍呼称が、韓国人ならではの深謀遠慮によるものではないかという気がしています。どう屁理屈をこね回したところで、国際社会の常識では安重根はテロリストであり、伊藤博文暗殺はテロに他なりません。それで韓国人は安重根が韓国軍の将軍であったと歴史を捏造《ねつぞう》しようとしているのかもしれません。

近い将来に「安重根は将軍つまり軍人だからテロリストではなく、だから伊藤博文暗殺はテロではなく軍人による戦闘行為だ」などと主張してくるのではないでしょうか？

「３・１暴動」の起点となったタプコル公園（旧パゴダ公園）（著者撮）

■強盗殺人も日本人相手なら立派な英雄

現在の韓国政府は「大韓民国臨時政府」の正統性を主張しており、憲法の前文でも「大韓民国は三・一運動により建てられた大韓民国臨時政府の法統を受け継ぐ」と規定しています。

一九一九年三月一日、パゴダ公園（現タプコル公園）に独立運動家が集結し、「三・一独立運動」が始まりました。当初は平和的な手段による運動でしたが、やがて警察署や役所、学校などが襲われ、放火・投石・破壊・暴行・殺人が行なわれ、暴動化していったのです（よって以下、「三・一独立運動」ではなく「三・一暴動」と記します）。

朝鮮総督府に鎮圧されて運動が失敗に終わった後も、独立運動の指導者たちは各地でテロや殺人、強盗といった凶悪犯罪を繰り返し、徐々に民衆からの支持を失っていきました。

朝鮮半島に居場所を失った独立運動の残党が逃亡先の上海《シャンハイ》で設立したのが大韓民国臨時

政府でした。「韓国を代表する一〇人の英雄」に選ばれた金九《キムグ》は、この臨時政府の創設メンバーだったのです。

金九が反日運動に身を投じるきっかけとなった「鵄河浦《チハポ》事件」（一八九六年三月九日）を紹介したいと思います。長崎県出身の商人である土田譲亮が、医薬品の行商のため朝鮮の黄海道《ファンヘド》安岳《アナク》郡鵄河浦を訪れていました。土田は宿泊していた宿屋で食事後に、いきなり金九に襲われて殴り殺され、所持金などを奪われたのです。

金九

後に逮捕された金九の供述によると、殺人の動機は「自分より先に日本人に食事が出されて憤慨したから」だそうです。金九は強盗殺人罪で死刑判決を受けましたが、後に特赦により減刑され、さらにその後、脱獄しています。殺人犯の脱獄囚として官憲に追われる身では、まともな人生を送ることは不可能であり、それで金九は独立運動家としての道を歩むことになったのです。

どう考えてみても強盗殺人事件に他ならない鵄河浦事件ですが、韓国ではこの事件は鵄河浦〝義挙〟と呼ばれており、金九義士が不倶戴天《ふぐたいてん》の敵である日本人を処断した抗日愛国運動として称賛されているのです。金九は今も多くの韓国人の尊敬を集める英雄で、ソウルには金九の業績を讃える白凡《ペクポム》記念館が存在しています。もちろん鵄河浦事件も英雄伝の序章を飾る義挙として紹介されているのです。また盧武鉉大統領は尊敬する人物として金九をリンカーンなどと共に挙げています。徐敬德教授も偉大な人物の例としてリンカーンを挙げていたように、どうやら韓国ではリンカーンの人気が高いようです。繰り返しになりますが、テロリストに暗殺されたリンカーンと殺人テロリストの金九を一緒に並べることに、韓国人は何の違和感も感じないのでしょうか？

金九の自叙伝『白凡逸志《ペクポムイルジ》』（梶村秀樹訳、平凡社）には鵄河浦事件について、「倭奴の頭から足の先まであちこちを切りつけた。二月の寒い明け方のことで、氷が張っていた地面に、血が泉の湧くように流れた。わたしは手でその血をすくって飲み、またその倭の血をわたしの顔に塗り付け」という猟奇的な記述があります。逮捕後の取り調べで金九は手で殴り殺したと供述していますが、死体は川に捨てられて発見されなかったため検死が行なわれておらず、殺害方法についての真相は藪《やぶ》の中です。

「義挙」を英雄的行為に相応しく脚色したという見方もありますが、いずれにせよ金九はまともな人間ではなく、もしかしてサイコパスの猟奇的殺人鬼だったのかもしれないといわざるを得ないのではないでしょうか？

■人生に行き詰まったら日本人を殺して英雄になろう！

金九は一九三一年に大韓民国臨時政府の下部組織として「韓人愛国団」という「日本の要人の処断」を目的にしたテロ組織を結成しています。「韓国を代表する一〇人の英雄」に選ばれた尹奉吉《ユンボンギル》はこのテロ組織の一員であり、「上海天長節爆弾事件」で爆弾テロを決行したテロリストです。

尹奉吉

一九三二年四月二九日天長節（天皇誕生日）の日、上海の日本人街の虹口公園で祝賀式典が行なわれていました。会場に潜り込んだ尹奉吉は要人たちが座っていた席に爆弾を投げつけ、この爆弾テロによって上海派遣軍司令官陸軍大将白川義則と上海日本人居留民団行政委員長で医師の河端貞次《ていじ》が死亡。第三艦隊司令長官海軍中将野村吉三郎、第九師団長陸軍中将植田謙吉、上海駐在総領

桜田門事件で取り押さえられた李奉昌(中央)

李奉昌を称え記念する切手、正気の沙汰とは思えない

事村井倉松、上海駐在公使重光葵《まもる》、上海日本人居留民団書記友野盛ら多数が重傷を負ったのです。尹奉吉はその場で逮捕され、五月二五日に上海派遣軍軍法会議で死刑判決を受け、一二月一九日に死刑執行されました。

伊藤博文という超大物を殺害した安重根には及ばないものの、多数の高官を死傷させることに成功したため、現在の韓国では尹奉吉は義士として称えられているのです。

韓国政府は、一九六二年に建国勲章を贈って独立運動の義士として顕彰し、独立記念館に祀《まつ》っています。さらに安重根と共に尹奉吉の名前は、韓国海軍の潜水艦の艦名に採用されているのです。

米海軍ではニミッツ海軍元帥《げんすい》やリンカーン大統領の名に因《ちな》んだ空母が存在し、英海軍にもキング・ジョージ五世など国王の名を冠した戦艦がありましたが、テロリスト、犯罪者の名前がついた軍艦というのは聞いたことがありません。韓国以外にはあり得ない前代未聞の存在ではないかと思われます。

「韓人愛国団」には他にも李奉昌《イボンチャン》というテロリストがいました。李奉昌は一九三二年一月八日に昭和天皇が乗った馬車に爆弾を投げつけました。桜田門事件です。しかし、昭和天皇の馬車から大きく外れて近衛兵《このえへい》一人と馬二頭が負傷しただけで失敗に終わったのです。日本の高官を殺すことに成功した安重根や尹奉吉ほどは人気を集めることができなかったのか、「韓国を代表する一〇人の英雄」に惜しくも選ばれませんでした。しかし、韓国では尹奉吉、白貞基《ペクチョンギ》とともに「独立三義士」の一人として称えられ小学校の歴史教科書にも登場する英雄なのです。

李奉昌は女遊びと博打《ばくち》（麻雀）で多額の借金を抱え、勤め先の売上金を盗んで上海に逃げていたところを金九にスカウトされたのです。人生に行き詰まって自暴自棄になった挙句の犯行としか思えないのですが、韓国の小学校ではこの男を民族の英雄として子供たちに教えています。風俗やギャンブルで借金まみれになって泥棒となって逃亡生活を送っても、最後にテロをやればそれまでの全てが帳消しとなって「英雄」「義士」になれるのです。こういった歪んだ教育が米国大使襲撃事件を起こした金基宗「義士」のような人物を生み出したのではないでしょうか？

■イケメン伯爵との結婚も極悪非道になる！

「三・一暴動」が終息した後、朝鮮総督府はそれまでの武断的な統治をあらため、憲兵警察制度（憲兵が一般の警察の機能を兼ねる制度）を廃止し、結社、言論、出版などに一定の自由を認めるなど、文治的な統治へと方針転換しました。法の範囲内で民族運動を行なうことも可能となりました。このような日本の統治は李朝時代とは比べものにならない善政として大多数の朝鮮人に受け入れられたので、一九四五年の第二次世界大戦の終戦に至るまで、朝鮮半島では「三・一暴動」のような大規模な暴動は起こらなかったのです。

日本の朝鮮統治に関して、韓国の教科書にも載っている「日帝七奪」という言葉をご存じでしょうか？　韓国人は日本が朝鮮半島から「国王、主権、生命、土地、資源、国語、名前」の七つを奪ったと主張しているのです。

結論からいうと韓国人の主張は完全な妄言であり、実際は「七奪」ではなく「七与」あるいは「七恩」であったといわなくてはなりません。ここからは、この「日帝七奪」に反論していくことで、日本の朝鮮半島統治がどのようなものであったのかを紹介していきた

いと思います

まずは「国王」ですが、李朝最後の王で大韓帝国第二代皇帝の純宗は、一九一〇年八月二九日に公布した勅諭で朝鮮半島の統治権を日本国天皇に譲与することを宣言して退位しました。

同日に公布・発効した「韓国併合ニ関スル条約（日韓併合条約）」の第三条には「日本国皇帝陛下は韓国皇帝陛下太皇帝陛下皇太子殿下並其の后妃及後裔をして各其の地位に応し相当なる尊称威厳及名誉を享有せしめ且之を保持するに十分なる歳費を供給すへきことを約す」とあり、皇帝純宗をはじめとする韓国皇族に対し、相応の待遇を保証することを定めていました。これによって李王家とその一族は、「王公族」という日本皇族に準じる身分となったのです。退位後の純宗は「李王」と呼ばれ、昌徳宮《チャンドックン》にそのまま居住し続けることが許されました。

これが「日帝七奪」の一つとして韓国人が悲憤慷慨《ひふんこうがい》するような極悪非道な所業なのか、意見が分かれるところかと思います。李王家を存続させた日本の朝鮮統治と、当時の欧米列強の植民地における王族の処置とを比較してみると参考になるかもしれません。

たとえばビルマ（コンバウン王朝）はイギリスの侵略を受けて、一八八六年にイギリス

宗夫妻

宗武志の顔写真

領インド帝国に併合されて滅亡しています。コンバウン王朝最後の王となったティーボー王と王妃、四人の王女はインド・ボンベイの南にあるラトナギリに流刑となり、極貧生活を強いられました。それればかりかイギリスは、第一王女をなんと英印軍の軍属で身分（カースト）の低いインド人の愛人にして子供（娘）を産ませたのです。王家の子孫が将来、独立運動の旗印となることを警戒したイギリスには、王家の血にインドの最底辺カーストの血を入れることで王朝復活の芽を摘む、という意図があったのかもしれません。第一王女の娘（国王の孫）も低カーストのインド人の妻となって貧困の中で死んでおり、ビルマ王家は完全にインドの貧困層と同化して消滅してしまったのです。

イギリス（インド帝国）に併合されたビルマの王家の惨状を見れば、李王家がどれだけ恵まれていたか比較にもならないことが分かるのではないでしょうか？

日本ではなくロシアやイギリスといった白人の帝国主義国家に併合されていたら、ビルマ王家と同じような目に遭っていたかもしれないのです。

大韓帝国初代皇帝高宗の娘である李徳恵《イトッケ》（徳恵翁主《トッキエオンジュ》）は、東京の学習院に留学した後、旧対馬藩主・宗家の当主で東大卒の学者である宗武志《そうたけゆき》伯爵と結婚しています。身分の低い軍属の愛人にされたビルマ第一王女の運命を思えば、雲泥どころの差ではありません。

それでも韓国人は「強制結婚させられた被害者」などと主張するかもしれません。金用《キムヨン》淑《スク》著『朝鮮朝宮中風俗の研究』（大谷森繁監修、李賢起訳、法政大学出版局）では、李徳恵について「日本に強制的に連れてこられて醜い日本人の男（宗武志）と強制結婚させられた悲劇の王女」と紹介しています。

しかし、当時の日本では上流階級の政略結婚は当たり前で、それを強制結婚と非難するのはどうかと思います。また金用淑という韓国人には宗武志が醜男《ぶおとこ》に見えるらしいですが、私にはむしろすごい美男子にしか見えません。皆さんはいかがでしょうか？　あえて外見のことをいうのであれば、二人の写真を見ていると、果たしてどちらが「被害者」だったのか、意見が分かれるところではないかと思えてきます。

■そもそも朝鮮に主権はあったのか？

「主権」についてですが、そもそも朝鮮に主権は存在していたのでしょうか？

一八九五年に締結された下関条約（日清講和条約）第一条により「清国は朝鮮国が完全無欠なる独立自主の国であることを確認し、独立自主を損害するような朝鮮国から清国に対する貢・献上・典礼等は永遠に廃止する」と定められました。つまり下関条約で清に宗主権を放棄させるまで、朝鮮は中国の属国であり主権など存在しなかったのです。

一三九二年、高麗の武官だった李成桂《イソング》が恭譲王（高麗第三四代国王）から王位を簒奪《さんだつ》し、高麗を滅ぼして李氏朝鮮（李朝）という新しい王朝を開きました。王位簒奪後、李成桂は権知《けんち》高麗国事（高麗国王代理）を称して中国（明）に使者を送り、自分が朝鮮半島の支配者となったことを伝えました。

しかし明は李成桂を朝鮮国王ではなく権知朝鮮国事として封《ほう》じています。明によって冊《さく》封《ほう》された高麗王を廃して勝手に王に即位した李成桂を、明の皇帝は快く思わなかったのか、李成桂は正式に国王を名乗ることを最後まで許されなかったのです。明から正式に朝鮮国王として封じられたのは第三代国王の李芳遠《イバンウォン》（太宗）からでした。朝鮮半島の王の地位は中国が任命するものであり、中国の許可なしでは名乗ることが許されなかったのです。

さらに李朝の国号「朝鮮」についてですが、『朝鮮王朝実録』によれば李成桂は明に使者を送り、高麗に代わる新しい国号への変更許可を求めています。このとき李成桂は「朝鮮」と「和寧」という二つの国号を候補として、明にどちらかを選んでもらっています。明の洪武帝は「朝鮮」を正式な国号として選び、李成桂を権知朝鮮国事に封じたのです。

これが主権を持った国家の姿であるといえるのでしょうか？　韓国人は「冊封は形式的なものに過ぎなかった！」などと主張して哀れな歴史を隠そうとしているようですが、中国人が聞いたら失笑を禁じ得ないのではないでしょうか？

独立門の左下に迎恩門の柱礎が見える（著者撮）

ソウルの特別市西大門区には、一八九七年に開化派の「独立協会」によって建てられた「独立門《トンニッムン》」があります。多くの韓国人はこの「独立門」を日本からの独立と勘違いしていますが、もちろん中国からの独立を意味しています。この「独立門」が建てられる以前には「迎恩門《ヨンウンムン》」がありました。中国の皇帝の臣

「三跪九叩頭の礼」が刻まれたソウル特別市松坡区三田渡にある大清皇帝功徳碑（著者撮）

下であり、冊封国であった朝鮮の歴代の王が、中国の皇帝の使者を迎えるための門でした。

朝鮮国王は郊外の迎恩門まで出向いて中国からの使者を「三跪九叩頭《さんききゅうこうとう》の礼」で迎えていたのです。三跪九叩頭の礼とは、その名が示す通り「三回跪《ひざまず》いて九回頭を地に叩きつける」という凄まじい礼儀作法です。清国で国の行事などの際、皇帝の前に出た臣下全員で行なうのが慣習でした。「跪《ホイ》」の号令で跪き、「一叩頭《イーコートゥ》」の号令で手を地面につけ、額を地面に打ちつける。続けて「再叩《ツァイコー》頭《トゥ》」「三叩頭《サンコートゥ》」の号令で同様に手を地面につけ、額を地面に打ちつける。「起《チー》」の号令で起立する。これを三回繰り返して合計九回地面に頭を打ちつけるのです。朝鮮王は中国に対して中国式の土下座をして恭順を示し忠誠を誓うことで、その地位に留まることを許されてきたのです。このことが朝鮮民族の民族性にどう影響したのかわかりませんが、普通に考えれば精神が卑屈に歪んでしまっても仕方がないのではないでしょうか？　もし中国の使者が日本に来るたびに日本の天皇が「迎恩門」で「三跪九叩頭の礼」で迎えていたとしたら、その屈辱的で恥ずかしい歴史はとても直視できないことでしょう。

一九一〇年の日韓併合条約によって李朝最後の王純宗は、朝鮮半島の統治権を日本の天皇に譲り渡しました。これをもって現在の韓国人は「日本が主権を奪った」と非難していますが、そもそも李朝には主権など存在していなかったのです。純宗が出した日韓併合条約の際の勅諭でも「国内の混乱が収拾できなくなった」という意味の言葉が述べられています。日本によって与えられた主権も、その統治能力の欠如によって放棄せざるを得なかったのが実情といえるのではないでしょうか？

■日本の貢献も真逆にいうのが半島流

日本は朝鮮半島の近代化と発展のために多大な貢献をしてきました。反日教育の影響で多くの韓国人は「日本は朝鮮民族の抹殺を謀っていた」などと本気で信じており、「日帝七奪」の一つとして朝鮮人の「生命」を奪ったと主張しているのです。

しかし日本が朝鮮人の命を奪ったどころか、併合後の朝鮮半島では人口が激増しているのです。一九一〇年から一九四五年までの三五年間で朝鮮半島の人口は一三一二万人から二五一二万人に、つまり約二倍に増えており、さらに平均寿命も二四歳から四五歳と二〇年以上も延びているのです。

韓国の学校で行なわれている反日教育では、このような数字を隠して「日本は朝鮮人を絶滅させようとしていた」という妄想を植え付けています。そのため、人口が二倍に増えて平均寿命も大幅に伸びたという事実を突きつけられると、多くの韓国人は混乱して思考停止に陥るか、嘘だと決めつけるか、だいたいこの二種類のパターンになります。中には「奴隷を増やすために無理やり子供を産ませたに違いない」などと馬鹿なことをいう韓国人もいるようですが、それでは平均寿命が延びていることが説明できません。

人口増加だけではなく平均寿命も延びているのは、幼児死亡率の低下、食料事情の改善、衛生状況の改善など、朝鮮半島の社会環境の改善＝日本の善政による結果であることは明らかなのです。

李朝末期の衛生状況についてですが、参考のために細井肇《はじめ》（ジャーナリスト、元東京朝日新聞記者）の「漢城の風雲と名士」（伊藤隆、滝沢誠監修、明治人による近代朝鮮論影印叢書第一七巻『政治史1』、ぺりかん社）から一部引用してみましょう。

韓国内地を旅行すれば、路傍や街路中に累々たる黄金の花（人糞《じんぷん》の比喩）が場所も構わずにあちらこちらに咲き乱れていて、足の踏み場もなく潔癖な人は一目その不潔さと臭気の酷さに驚くのである。（中略）現に、この国の中央都会である京城（ソウル）のような、「韓国の帝都」と言われる都市でさえ至る所に人糞や牛馬糞を見ないことはなく、辺りに漂う恐ろしいほどの臭気は人の鼻を襲い目を顰《しか》めない人はいない。

さらに京城市内を流れている川には、そこに隣接する各家々から排せつされる糞尿が混じり、川の水は黄色に染まり、ドロドロとなっているなど目も当てられない光景であるが、韓国人はその水を洗濯に使っている。全くもってとんでもない話である。毎年夏期になると京城では伝染病が流行し、その伝染病にかかる患者のほとんどが韓国人であり、大流行時には何千人もの患者を出すことも珍しくはない。（　）は著者註

ソウル南大門（李氏朝鮮時代）

ソウル南大門（日本によって整備された）

イギリスの女性旅行家で紀行作家イザベ

1908年に建てられた旧大韓医院本館。戦後にソウル大学付属病院として使用（著者撮）

ラ・バードも自著の『朝鮮紀行』の中で「ソウルこそこの世で一番不潔な町」と語っています。

　このような不衛生極まる環境によって朝鮮半島では赤痢《せきり》・コレラなどの伝染病が蔓延しており、これらの病で命を落とす子供が多く、幼児死亡率が高かったため、人口増加も起こらず平均寿命も短かったのです。併合後の日本による近代医療の導入と、朝鮮人への衛生観念教育が、幼児死亡率を劇的に低下させ、朝鮮半島での人口増加が始まったのです。

　併合前の一九〇七年に伊藤博文統監の指示によって大韓医院が設立されています。この大韓医院は後の京城帝大付属病院（現在はソウル大学付属病院）であり、朝鮮半島の近代医学、医療発展に大きな役割を果たしてきました。朝鮮人テロリストに命を奪われた伊藤博文が残した医療機関によって、多くの朝鮮人の命が救われたというわけです。

　朝鮮総督府は近代的な防疫・検疫体制を朝鮮半島で初めて導入して、コレラ、天然痘《てんねんとう》、ペストなどを併合から一〇年後の一九二〇年までに撲滅しました。

さらに日本の皇室からの援助によって朝鮮各地に済生会（日本の慈善団体）の病院が建設されたことで、李朝時代には王族や両班などの特権階級や富裕層しか受けられなかった近代医療を、一般民衆も受けられるようになったのです。

しかし多くの韓国人はこうした日本の貢献、善政について何も知らず、「日帝の朝鮮民族抹殺計画によって民族滅亡の危機に瀕《ひん》していた」などと本気で思い込んで、自分たちをナチスに迫害されたユダヤ人と同じような存在だと世界に向けて主張しているのです。このように恩を仇《あだ》で返すのが朝鮮民族の特性であり、韓国人を助けても感謝されるどころか逆に逆恨みされて被害を受ける危険性があることを、私たちは覚えておくべきではないでしょうか？

■日本の悪事？　いえいえ元ネタは全て韓国です

韓国の小中学校では「日本は朝鮮から土地を奪い、朝鮮農民を小作農にして収奪の限りを尽くした」と教えられています。「土地」は「日帝七奪」の一つとして数えられており、ほとんどの韓国人はこれを歴史の事実であると思い込んでいるのです。反日ドラマや映画の影響なのか、日本人が銃や刀を突きつけて朝鮮人を追い出して土地を奪ったと信じ込んでいる人も少なくないようですが、日本は今も併合当時も法治国家であり、そんな無法なやり方で土地を奪ったりできるわけがないのです。

実は併合前の李朝時代には、そのような無法なやり方で土地を奪っていた両班と呼ばれる特権階級が存在していました。

布教のためアジア各地を訪れていたフランス人神父シャルル・ダレによる『朝鮮事情』(一八七四年)には、李朝末期の両班について次のように書かれています。

朝鮮の貴族階級は、世界でもっとも強力であり、もっとも傲慢である。

朝鮮の両班は、いたるところで、まるで支配者か暴君のごとく振る舞っている。大両班は、金がなくなると、使者をおくって商人や農民を捕えさせる。その者が手際よく金を出せば釈放されるが、出さない場合は、両班の家に連行されて投獄され、食物も与えられず、両班が要求する額を支払うまで鞭打たれる。両班のなかでもっとも正直な人たちも、多かれ少なかれ自発的な借用の形で自分の窃盗《せっとう》行為を偽装するが、それに欺かれる者は誰もい

ない。なぜなら、両班たちが借用したものを返済したためしが、いまだかつてないからである。彼らが農民から田畑や家を買う時は、ほとんどの場合、支払なしで済ませてしまう。しかも、この強盗行為を阻止できる守令は一人もいない。

（『朝鮮事情』シャルル・ダレ著、金容権訳、平凡社）

韓国人が主張する「日帝七奪」の土地強奪神話の元ネタは、李朝時代の両班が農民から土地を奪うなどした強盗行為にあったのではないかと思われます。韓国人というのは創造性に欠けた民族であり、パクリとトレースしかできないとよくいわれていますが、彼らが持ち出してくる日本の悪行の多くは、実は彼ら自身による悪行が元ネタになっていることが少なくないのです。

たとえば韓国は「日本は朝鮮人女性を『強制連行』して『性奴隷』にした」などと主張しています。ここまでは反日日本人の創作であり、その著作権は吉田清治や『朝日新聞』などに帰属すると思われますが、韓国人によるオリジナルのネタとして「慰安婦を強姦《ごうかん》した後で虐殺した」というものがあります。

もちろん日本による「強制連行」も「性奴隷」も「虐殺」もすべてデタラメですが、

「日本」を「韓国」に置き換えると、なんと全て歴史の事実となるのです。

ベトナム戦争のとき、韓国軍は多くのベトナム人女性を強姦・虐殺して、さらに生き残ったベトナム人女性を韓国人売春業者が強制連行して性奴隷にしたのです。韓国人が過去の日本の悪行を持ち出して責め立ててきたときは、まずは元ネタが韓国に存在していないか調べてみるといいのではないでしょうか？

■日本の測量標識ですらも「呪いの鉄杭」と騒ぐ民度

併合後、朝鮮総督府は朝鮮半島の土地調査を行なっています。多くの韓国人はこの調査を土地強奪だったと主張しますが、もちろん妄言であり事実に反しています。李朝時代には原則として土地はすべて国家（国王）のものであり、土地の私的所有は認められていませんでした。李朝末期になると、両班など一部の特権階級には私有地の所有が認められるようになっていたのですが、国民の大半を占める農民のほとんどは土地を所有することができない農奴のような存在だったのです。

李朝時代に耕作地として記録されていた土地は二七二万町歩（一町歩は約〇・九ヘクタ

ール）でしたが、朝鮮総督府が土地調査を行なったところ、なんと四八七万町歩にも増えてしまいました。この増えた土地とはいわゆる「隠田」と呼ばれるもので、両班などが徴税から逃れるために登記せずに隠していた土地でした。朝鮮総督府はこのような公式には所有者が存在しない「隠田」を、朝鮮農民などに分配して小作農としたのです。

この土地分配を「朝鮮農民を小作農にして搾取した」として非難する韓国人もいるようですが、先に述べたように朝鮮農民の大部分は農奴の状態だったのです。両班から搾取される対象でしかなかった農奴を「奴隷解放」して小作農としたことが、どうして非難の対象になるのでしょうか？

たしかに「小作農」という言葉には搾取のイメージがあって聞こえが良くありませんが、日本でも農地改革が行なわれて小作農がいなくなったのは第二次世界大戦後のことです。日韓併合が行なわれた頃に、農地改革を断行して地主を一掃して小作制度を廃止するといった（当時としては）革新的な発想は、おそらく誰も持ち得なかったのではないでしょうか？　それを現代の感覚で「小作農化＝奴隷化・搾取」と脊髄反射的に騒ぎ立てるのはおかしいのではないでしょうか？　このように「時代背景を無視して現代の感覚で非難する」というのも韓国人の得意な手口なので注意が必要です。

なお「日帝七奪」の「資源」収奪については、「そもそも朝鮮半島には大した資源がないので収奪したくてもできない」という説明で充分だと思います。

なぜこれが「七奪」に入っているのかというと、単に「日帝六奪」では語呂が悪いからではないでしょうか？　実力者が三人しかいなかったとしても三天王ではアレなので、多少実力に目をつぶってもう一人加えて四天王にしたい、という感じでしょうか？

朝鮮総督府の土地調査に関連して、「呪いの鉄杭」の話をしておきたいと思います。

皆さんは「風水」について、詳しくは知らなくても言葉くらいは聞いたことがあるかと思います。私も詳しく知りませんし興味もありませんが、韓国観光名誉広報大使を務め、「韓国・李王朝の流れをくむ、ただ一人の李朝風水師」と称する李家幽竹《りのうえゆうちく》のWEBサイトによると、「もともと風水は、中国で発祥し、アジア各地に伝来した学問です。古来、風水は、軍学として発展し、また、良い土地（龍穴《りゅうけつ》）を探しだして、その上に家やお墓、大きくは都市を建てるために使われてきました。（中略）中国文化の影響を大きく受け、また、もともと山岳信仰の強かった韓国では、風水は国学として政《まつりごと》に用いられ、発展してきました」ということらしいです。李朝時代の朝鮮半島では風水が信じられており、かなり重視されていたということでしょうか。

そして現在の韓国でも風水が信じられているようで、現在の韓国人が「風水侵略で朝鮮半島の地脈を断って民族精気を抹殺するため、日帝は朝鮮各地に『呪いの鉄杭』を打ち込んだ」などと大真面目で主張して日本を非難しているのです。

この「呪いの鉄杭」の正体とは、朝鮮総督府が土地調査の際に設置した「測量標識」なのです。朝鮮半島では有史以来まともな土地測量が一度も行なわれたことがなかったため、朝鮮総督府は一九一〇年から八年もの年月と多額の費用をかけて、朝鮮全土の測量を行なわなければなりませんでした。そのときに測量標識として打ち込んだ鉄杭を「韓民族の精気を断ち切る呪いの鉄杭」であるとして現在の韓国人が大騒ぎしているのです。

ここまで読んだ多くの読者の方が「この著者は韓国人を馬鹿にするために、ごく一部の異常者の妄言を針小棒大に採り上げているだけではないのか」と思われたのではないでしょうか？

残念ながら「ごく一部の異常者」どころか、大多数の国民、大多数のメディア、そして大統領もこの風水オカルト話を信じ込んでおり、まさに全国民が「風水侵略」を仕掛けた日本を非難しているのです。

金泳三《キムヨンサム》元大統領は「我が国民大多数は、日帝が我が民族精気を抹殺するために全国の名山のあちこちに鉄杭を打ち込んで地脈を絶ったことをよく知っている」（『変化と改革―金泳三政府国政五年資料集』国政広報処、一九九七年）と述べ、韓国政府が主導する「歴史の立て直し」運動の一環として、「朝鮮半島の地脈を断っている」鉄杭の除去作業を一九九五年から韓国各地で大々的に行ないました。

韓国を代表する一流紙『朝鮮日報』でも「韓民族の精気を断つために高い山の頂上に鉄杭を打ち込んだ」（二〇〇四年二月一七日付）と断定して報じています。

その他のメディアでも「ソウル・ケファ山で二メートルを超す木の杭が発見されました。ケファ山は風水上の要所で、日本が風水侵略の一環として打ち込んだのではとの分析が出ています」（韓国KBSニュース、二〇〇七年五月二九日放送）、「釜山金井《プサンクムジョン》区金井山で日帝強占期に民族精気を抹殺する目的で打ち込んだと推定される鉄杭が発見された」（二〇一二年一〇月二五日付『聯合ニュース』）など、「呪いの鉄杭」を大真面目に報じた事例は枚挙に暇《いとま》がないのです。

さらに「風水侵略史」研究の権威である西京《ソギョン》大学のソ・ギルス教授は、壬辰《じんしん》倭乱《わらん》（文禄・慶長の役）のときに明の将軍である李如松が、江原道《ヤンウォンド》・忠清道《チュンチョンド》・全羅道《チョルラド》・慶尚道《チョンサンド》などで四〇以上の地脈を断ち切った、という調査結果を発表して警鐘を鳴らしています。

このように大多数の韓国人が風水オカルト話を本気で信じ込み、真面目に論じているのです。この事実は韓国という自称先進国国民の知的水準、民度の目安として考えても差し支えないのではないでしょうか？

■もはや常識！　ハングル弾圧、創始改名の嘘

「日帝七奪」の中でも特に有名であり、多くの日本人が聞いたことがあると思われるのが、「国語」つまりハングルの弾圧だと思います。

ハングルとは、一四四三年に李朝第四代国王世宗《セジョン》によって制定され、四六年に「訓民正音」として公布された朝鮮語を表記するための表音文字です。

「訓民正音」とはハングルを解説した書物の名前であり、当時のハングルの名前でもあります。日本でひら仮名が使われ出したのは九世紀頃からという説がありますが、ようやく一五世紀になってから初めて朝鮮民族の独自の文字が生まれたのです。

しかし、「訓民正音」の序文で「漢字が使えない無知な民衆を哀れに思って作った」とされているように、ハングルは漢字の下に位置づけられており、「諺文《オンモン》（俗語を表す文

字）」「愚民の文字」「女子供の文字」と蔑まれていました。

両班などの知識階級は「漢字以外の文字を使うのは蛮人の証。モンゴル、日本、チベットなどは独自の文字を使っているが、それは蛮人の所業である」などと主張してハングルの使用に反対し、「訓民正音」公布後も公的な文書には漢字が使われ続けたのです。

李朝第４代国王 世宗（著者撮）

実は日本統治時代よりもはるか前、一六世紀初頭の李朝時代に「ハングル弾圧」が行なわれていました。第一〇代国王燕山君《ヨンサングン》は「諺文教授学習禁止令」を出してハングルの教育・学習を禁じています。さらに第一一代国王中宗《ちゅうそう》は諺文庁（ハングルの研究機関）を閉鎖し、公文書でのハングルの使用を禁止したのです。このような朝鮮人自身による過酷な「ハングル弾圧」のためなのか、李朝末期に至るまでハングルはそれほど普及しなかったのが実情です。日帝が奪ったどころか、そもそも朝鮮人自身がハングルを蔑んで弾圧し、「国語」として扱うことを否定してきたのです。
しかし、朝鮮の独立を願っていた思想家、慶應義塾創設者の福沢諭吉は、独立のためには庶民が「朝鮮民族」であるとの自覚を持つことが必要と考え、そのためには朝鮮民族の文字が必要だと考えて「ハングル」に目をつけました。そこで一八八六年に、福沢諭吉、井上角五郎らの協力により、朝鮮史上初の漢字混じりハングル新聞『漢城周報』が刊行され、朝鮮人自身が蔑んでいたハングルが見直されるようになってきたのです。

併合後、朝鮮総督府は朝鮮人を近代国家の国民に教育するために、朝鮮全土に学校を建設しました。併合翌年の一九一一年に朝鮮総督府は「諺文綴字《ていじ》法研究会」を発足させ、「普通学校用諺文綴法」を定めて、初等教育でハングルを朝鮮民族固有の文字として必須科目としました。

世宗による「訓民正音」公布から数世紀を経て、日本によって初めてハングルは全国に普及することになったのです。現在の韓国人がハングルを読み書きできるのは、この朝鮮総督府によるハングル普及によるものなのです。

一九三八年、朝鮮総督府は第三次朝鮮教育令を出してハングルを随意科目としました。それまで必修科目だったハングルが随意科目、つまり各学校が自由に選択できる科目となったのです。韓国人の主張する「ハングル弾圧」は、この「ハングルの随意科目化」のことを指しているのです。ここで問題になるのは「ハングルの授業を廃止した学校の割合はどの程度だったか」ということですが、その割合を示す資料は今のところ何も見つかっていません。

八木信雄著『日本と韓国』（日韓文化出版社）によると、朝鮮人校長の学校ではハングル教育を止めることが多かったそうですが、逆に日本人校長の学校ではハングル教育を続けることが多かったとのことです。

日本人校長の方が朝鮮人校長より圧倒的に人数が多く、つまり実態としては、多くの学校でハングル教育がそのまま続けられたと考えられるのです。この八木信雄という人物は、朝鮮総督府の官僚で全羅南道知事などを務めており、その証言には一聴の価値があるのではないでしょうか？　いずれにしてもそれまでの三〇年近くにわたってハングルは必修科目だったわけであり、日本によってハングルが普及したという事実に変わりはないでしょう。

知り合いの編集者がオーストラリアに一カ月くらい滞在していたとき、大勢の現地在住の韓国人と知り合いになって、その多くが「ケビン」とか「マイケル」とか「ジェニファー」といった現地の白人風の名前に「創氏改名」していたことが非常に印象的だったそうです。

現在の韓国人の名前は中国風に統一されていますが、これは高麗時代に宗主国である中国（宋）に事大して、中国風の名前に「創氏改名」したからです。『古事記』『日本書紀』などに出てくる古代の朝鮮人の名前は、渡来人の阿直岐《アジキ》、百済《くだら》の将軍の階伯《ケベク》など、現在の韓国人の名前とは異なっています。

一三世紀にモンゴル人からなる元が台頭してくると、モンゴル風の名前に国王自らが率先して「創氏改名」し、元が倒れて漢民族の明が建国されると、再び中国風の名前に「創氏改名」するという無節操なことをやっています。その時代の強者の名前に次々と「創氏改名」してきた朝鮮民族が、日本統治時代に日本風の名前を欲しがらないわけがないのです。

朝鮮総督府は一九一一年に総督府令第一二四号「朝鮮人ノ姓名改称ニ関スル件」を出して、戸籍や出生で「内地人ニ紛ハシキ姓名」の届出に厳しい制限をつけています。新しいご主人様である日本人の名前に「創氏改名」する朝鮮人が、併合から一年も経たないうちに早くも殺到していたのです。

また満州に出稼ぎに行っている朝鮮人から「朝鮮人の名前だと中国人から差別されるの

で、日本名に改名したい」という請願が数多く寄せられていました。これに応える形で一九四〇年に朝鮮総督府は朝鮮民事令を改正し、日本名に改名することが許されるようになったのです。

「日帝七奪」の「名前」、いわゆる「創氏改名」は、朝鮮人の要望によって実現したものであり、当時の朝鮮人たちは先を争って日本名に改名して日本人になれたことを喜んでいたわけです。

しかしこれは現在の韓国人にとっては認めたくない過去の汚点であり、それで彼らは「創氏改名を強制された」と歴史を捏造して日本を非難しているのです。そんな韓国の皆さんには、朴槿恵大統領の「歴史を忘れた民族に未来はない」という言葉を贈りたいと思います。

第二章 差別をなくすために！ 在日問題の本質

■在日タブーの存在

いわゆる「在日」と呼ばれる日本在住の韓国・朝鮮人の問題については、長い間、日本社会の中で触れてはいけないタブーとされてきました。かつてはほとんどのメディアで在日は「強制連行の被害者とその子孫」「差別されている可哀想な弱者」としてしか扱うことができず、まして批判することなど絶対に許されない「神聖不可侵」の存在だったのです。

しかし在日問題をめぐる社会環境は、近年の嫌韓感情の高まりと共に大きく変化しようとしています。

今やメディアでの韓国タブーはほとんどなくなったように思います。

二〇〇二年九月の小泉純一郎（当時）首相の北朝鮮訪問で、金正日《キムジョンイル》が日本人拉致を認めました。それによって世論の大転換が起こり、メディアでの北朝鮮タブー、特に朝鮮総連タブーが崩壊しました。

さらに二〇一二年、韓国の李明博大統領（当時）は竹島上陸と天皇侮辱発言の愚行を犯し、金正日が日本人拉致を認めたことに相当するインパクトを日本国民に与え、対韓世論に決定的な影響をもたらしました。特に天皇陛下に対する土下座要求発言は、韓国にうんざりしていた多くの日本人にとって、堪忍袋《かんにんぶくろ》の緒が切れるきっかけとなったのではないでしょうか。世論の変化により、韓国タブーも崩壊し、同国に対する批判的な報道が事実上「解禁」されたのです。特に週刊誌などは嫌韓記事だらけになり、書店には嫌韓本コーナーが常設されてベストセラーが何冊も生まれる、といった状況になっていきました。

そして朝鮮半島問題と在日問題が地続きである以上、在日問題についてもそう遠くない将来にタブーが崩壊し、大規模な在日批判が巻き起こることもあり得るでしょう。

法務省「在留外国人統計」二〇一四年六月末統計によれば、在日韓国・朝鮮人の人口は五〇万八五四一人となっています。

第17代大統領　李 明博

反日国家（北朝鮮・韓国）の人民・国民がこの日本に約五〇〇万人存在しているという現実に、日本人はそろそろ正面から向き合わなければならない時期に来ているのではないでしょうか？

■在日問題の本質――「在日特権」という権利!?

さて、在日問題とはいったい何なのでしょうか? 一言でいうと、在日韓国・朝鮮人は、「強制連行」という「被害者」としての歴史捏造を行なって日本人を騙し、あるいは暴力的手段を用いたりチラつかせたりなどして行政に圧力をかけて、様々な「在日特権」を獲得してきたことです。これが在日問題の根源であり本質であることはいうまでもありません。では「在日特権」とは何なのか、ここで定義しておきましょう。

本稿においては「在日特権」とは、主に在日韓国・朝鮮人が有する特別な権利や資格、優遇措置などを総称したものであると定義します。『デジタル大辞泉』によると「特権」とは「特定の身分や地位の人がもつ、他に優越した権利」です。「在日」はもちろん特定の身分であり、「在日特権」が他(日本人や他の外国人)に優越したものであることはいうまでもありません。そして「権利」か否かというと、当の在日自身が「権利」と言い続けてきました。一例を挙げますと、在日韓国人三世の辛淑玉(「のりこえねっと」共同代表)は、二〇一三年一〇月二日付『統一日報』にて「在日韓国人が獲得した数々の権利のほとんどは、日本政府から一方的に与えられたものではない。一世中心の過去の民団が、長い年月をかけて理論整備をし、法的・人的連携を各地域で地道に構築した結果として得たものだ」と述べていますし、元総連幹部の人間も二〇〇七年一二月一四日号『週刊ポスト』「在日『住民税半減』の密約を撃つ！」にて、「住民税の減免措置は、我々の間ではよく知られた話。発覚した三つの市町には限らないはず。これは、かつて我らが苦労の末に手に入れた〝在日の権利〟のひとつです」と述べています。

在日韓国・朝鮮人の指導的立場にある者が、様々な権利や資格、優遇措置について「権利」と述べているのです。つまり「在日特権」と呼ばれている特別な権利や資格、優遇措置などは、「特権」の定義（特定の身分や地位の人がもつ、他に優越した権利）に合致し、やはり「在日特権」と呼ぶにふさわしいものであるといえるでしょう。

さらにいえば、一部の在日は「権益擁護運動」と称して地方自治体などに対して圧力活動を行なってきました。そして役所により一旦決定された措置を撤回させるのは非常に困難であることも指摘しておく必要があるでしょう。

「在日特権」の存在を否定する人たちは、「在日特権」の証拠として述べられる様々な事実や論拠を、全て否定できているつもりになっています。しかし事実として様々な「在日特権」がそこにあり、その「在日特権」は「特権」という言葉の定義に合致し、そして在日には「権益擁護運動」と称する圧力活動を行なってきた歴史があります。

どれだけ屁理屈や詭弁を駆使したところで、これらのことを何も否定できていないのです。彼らはそろそろ夢から覚める必要があるでしょう。

■在日は強制連行された朝鮮人の子孫ではない！

在日は近年まで「我々在日は強制連行の被害者とその子孫である」という反日プロパガンダを行なってきました。「強制連行」は在日のアイデンティティであり、道徳的優位に立って日本人を犯罪民族として責め立てることができる非常に強力かつ便利な道具なのです。「在日特権」獲得の際、日本人に圧力をかけるにあたって最も強力な武器が「強制連行」といっていいかと思います。

金英達《キムヨンダル》著『朝鮮人強制連行の研究』（明石書店）によると、「強制連行」とは日中戦争・太平洋戦争中に国家総動員法に基づいて一九三九年から実施された労務動員計画（一九四二年から国民動員実施計画と改称）によって、「募集」「官斡旋《あっせん》」「徴用」の方式により朝鮮人が労働者として朝鮮から日本本土などに強制的に集団移動させられ、戦時生産に協力させられたこと、とされています。民団幹部である朴一《パクイル》大阪市立大学教授も『マンガ嫌韓流」のここがデタラメ』（コモンズ）でこの本を引用して「強制連行」を説明していたので、民団の公式見解もこの説明と同じと考えていいと思います。

結論からいうと「在日は強制連行の被害者とその子孫」という主張は完全に間違っています。一九三九年から朝鮮半島で実施された「募集」は文字通り単なる労働者の募集のことに過ぎません。それまで日本本土の民間企業が朝鮮で労働者を募集することは規制されていましたが、このときから認められたのです。もちろん「募集」には何の強制性もありませんでした。一九四二年からは朝鮮総督府が窓口となって労働者を募集・斡旋するようになりました。これが「官斡旋」ですが、今でいうところのハローワークでしかなく、現在のハローワークと同様に「官斡旋」も強制性はありませんでした。

つまり強制性がなかった以上、「募集」「官斡旋」は「強制連行」と認めることはできません。では残る「徴用」についてですが、国家総動員法に基づき一九三九年に日本本土では国民徴用令が発令されましたが、朝鮮半島で徴用令が発令されたのは一九四四年九月からです。徴用で日本に来た朝鮮人の数は正確にはわかっていませんが、厚生省と内務省の統計から約一〇万人と推計されます。この約一〇万人という推計については拙著『マンガ嫌韓流4』（晋遊舎、二〇〇九）にて詳細に説明してしておりますが、非常に長くなるので割愛させていただきます。

この「徴用」で日本に来た約一〇万人の朝鮮人については、たしかに国家の強制力によって動員されたことは間違いありません。しかし「徴用」とは、国民徴用令という法律に基づく日本国民の義務でした。当時国民は軍需工場や土木作業などに動員されて労働に従事しなければならなかったのです。「日韓併合条約は無効であるから、朝鮮人に日本国民の義務は関係ない」という主張があるかもしれませんが、日韓併合はもちろん合法的に行なわれたものなので、無意味な主張です。では、「徴用」を「強制連行」と言い替えることは正当なことなのでしょうか。その行為は、「納税」を「強制没収」というようなものであり、また現在の韓国で行なわれている「徴兵」も「強制連行」といわなければならなくなります。正当な言い換えというにはあまりにも無理がありすぎます。

それでも百歩譲って「徴用」を「強制連行」と認めたとしても、在日を「強制連行の被害者とその子孫」と認めることはできません。一九五九年七月一三日付『朝日新聞』に「関係各省で来日の事情を調査した結果、戦時中に徴用労務者としてきた者は二四五人にすぎず」という外務省発表を伝える記事が掲載されています。つまり一九五九年の時点で「徴用」によって日本に来た朝鮮人のほとんどが朝鮮半島に帰っており、在日の九九・九%が「徴用」とは無関係なのです。極々わずかの「徴用」労務者が存在することをもって、在日は「強制連行」で来歴した「日帝被害者」ということになるのでしょうか？

最近は在日も嘘がばれてきたことを自覚しているのか、「強制連行」の話をする在日はほとんどいなくなりました。しかし、これまで長い間「強制連行」の被害者を詐称して日本人を騙してきたことについて、彼らは未だ誰一人として謝罪せず頬かむりをしています。在日のこのような態度に対して軽蔑し、過激な恨み言を漏らす日本人が多少いたとしても、やむを得ないことではないでしょうか？

在日は、自分たちに対する様々な批判的な意見に対して、「差別」という誰も対抗できないキーワードを使って、言論を封殺してきました。また、「ネトウヨ」「ヘイトスピーチ」というレッテル貼りによって、日本人はこの問題を堂々と語ることすらできません。在日問題の根源、本質が語られない理由はここにあります。

■特別永住資格は特権的待遇である！

在日問題とは、「強制連行」という歴史捏造を行なって日本人を騙し、あるいは暴力的手段を用いたりチラつかせたりなどして行政に圧力をかけて、様々な「在日特権」を獲得してきたことと書きました。その中でもっともキモとなる「在日特権」が、特別永住資格です。この資格を有する在日韓国・朝鮮人は約三六万人存在します（法務省「在留外国人統計」二〇一四年六月末統計によれば、三六万四人）。

特別永住資格とは、一九九一年一一月一日に施行された「日本国との平和条約に基づき日本の国籍を離脱した者等の出入国管理に関する特例法」により定められた在留資格のことであり、（在日台湾人を除き）他の外国人には認められておらず、韓国・朝鮮人が九九％を占めています。この特別永住資格は「在日特権」といっていいでしょう。残り一％の存在があることから、「韓国・朝鮮人以外にも認められているから特権ではない」と主張する在日韓国・朝鮮人もいるようですが、受益者のほとんどが韓国・朝鮮人であることが覆されるわけでもなく、この主張が「特権」であるという実態から目をそらさせるために弄《ろう》する屁理屈、詭弁《きべん》であるといってよさそうです。

外国人が日本での永住を希望する場合、入国管理局に永住許可申請を出して審査を受けなければなりません。審査基準は「(一) 素行が善良であること (二) 独立生計を営むに足りる資産又は技能を有すること (三) その者の永住が日本国の利益に合すると認められること」とされています。配偶者が日本国民であれば比較的簡単らしいですが、それ以外の場合では審査は非常に厳しく、簡単には永住許可は出ないそうです。しかし在日は、ただ在日として生まれたというだけで何の審査も受けずに、ほぼ無条件で三世以降も永遠に外国人のまま日本に住むことができるのです。しかも一般永住者よりはるかに多くの優遇措置があります。

特別永住資格は旧日本領出身の外国人に対する特別な配慮であり、一種の恩恵であるともいえますが、戦後七〇年近くが経ち、すでに在日六世も誕生しています。特定の在日外国人だけを特別に優遇して、彼ら以外の他の外国人との格差を設けて取り扱うことを、いったいいつまで続ける必要があるのでしょうか?

特別永住資格の制度はすでにその役割を終えており、廃止すべきだという声が高まっているのです。そもそもこの在留資格が定められた一九九一年の時点で戦後四六年が経っており、施行開始の時点で存在の意義がないものだったと考えてよいでしょう。このような特別な在留資格はさっさと廃止して、特別永住者の在日韓国・朝鮮人には、他の外国人と同じように一般永住者となるか、帰化するか、または帰国するかを選んでもらうべきでしょう。

そもそも在日という外国人集団が戦後七〇年間も、数世代にもわたって日本に居座り続けているというこの状況は、極めて異常なことなのではないでしょうか？　日本以外にこんな外国人集団の存在を許している国など、少なくとも私は聞いたことがありません。

たとえばイギリスは旧植民地出身のインド系やアフリカ系などの移民を受け入れていますが、彼らが「在英」として帰化を拒んで数世代にわたって出身地の国籍を保持し続け、さらに英帝に強制連行されたと主張して「在英特権」を要求している、などという話は聞いたことがありません。

他の在日外国人が日本国内で犯罪を起こせば、国外退去処分となります。「無期又は一年を超える懲役若しくは禁錮に処せられた者」はまず間違いなく日本から叩き出されることになります。しかし入管特例法によると在日（特別永住者）については内乱罪や外患誘致罪のような重大犯罪、あるいは「無期または七年を超える懲役または禁錮に処せられた者」でなければ国外退去処分の対象にならないのです。さらに、七年以上の懲役または禁錮刑に処せられた在日は大勢いますが、なぜか法務大臣が許可しないため、実際には国外退去処分を受けた在日は入管特例法が制定されて以来一人もいないのです。これは大変な特権的待遇であるといわざるを得ません。

他の外国人であれば犯罪を犯せば二度と日本に住めなくなることも覚悟しなければならず、それが抑止力となって犯罪を思い留まる人も大勢いるのではないかと思います。しかし、在日はそんな心配がまったくなく、刑務所から出所後も日本に住み続けることができるので、一部の在日は安心して犯罪に手を染めることができるのです。

特別永住資格によってほぼ無条件に日本に滞在し続けることができるためなのか、在日は自分たちが外国人であるという自覚に欠けているように感じます。外国人でありながら日本の参政権を要求するなど、どうやら日本国民と同等の権利を得るのが当たり前だと勘違いしている、あるいは増長しているのではないでしょうか？

一般の外国人であれば「独立の生計を営むに足りる資産又は技能を有すること」ができなければ、日本での滞在を続けることはできません。しかし在日は特別永住資格という「在日特権」を持っているので、国外退去どころか生活保護を受給して日本に居座り続けることができるのです。

■住民税減額措置という存在

「在日特権」を語る上で必ず触れなければならない事例として、三重県伊賀市で行なわれていた「住民税減額措置」が挙げられます。拙著『マンガ嫌韓流』シリーズでも繰り返しネタにしている有名な話でご存じの方も多いと思いますが、「在日特権」の実態が明らかになった記念碑的な大事件であり、永遠に語り継いでいくためにもしつこく紹介しておきたいと思います。

全ての始まりは二〇〇七年一一月一一日付『中日新聞』の記事でした。

三重県伊賀市の前総務部長長谷川正俊被告（五九）＝現総務部付＝が知人から約五三〇〇万円をだまし取ったとして詐欺と有印公文書偽造・同行使の罪で逮捕、起訴された事件で、伊賀市が数十年前から在日韓国人や在日朝鮮人を対象に住民税を減額していた措置を長谷川被告が利用し、市内の元在日韓国人から約一八〇〇万円を着服していた疑いのあること

が分かった。
（二〇〇七年一一月一一日付『中日新聞』より一部引用）

市役所職員による詐欺事件を報じる記事で、うっかりすると読み飛ばしてしまいそうですが、「伊賀市が数十年前から在日韓国人や在日朝鮮人を対象に住民税を減額していた」というとんでもないことが書かれていたのです。なんと伊賀市では在日韓国・朝鮮人だけを対象にした「住民税減額措置」という「在日特権」が存在し、在日の住民税を半額に減免していたことが明らかとなったのです。

総務部長（当時）の長谷川が在日韓国人（当時、後に帰化）の男性を騙して、一八〇〇万円もの大金を着服した経緯も明らかとなっています。「在日特権」によってこれまで住民税半額の優遇措置を受けてきた伊賀市在住の在日韓国人の男性が、日本に帰化することを検討していました。しかし、帰化して日本人になると「在日特権」が失われて、税金が本来の額に上がってしまうのが悩みどころでした。そこでこの男性は帰化後も元在日として「在日特権」を持ち続けられないかと、当時伊賀市役所の総務部長だった長谷川に相談したのです。

長谷川は「帰化後も引き続き半額のままでいいから、自分に直接渡して納付するように」と指示し、日本に帰化した元在日の男性から住民税として五年間にわたって受け取った一八〇〇万円を全額着服していたのです。この元在日はもちろん被害者であることには違いなく、また「在日特権」と「日本国籍」の二刀流というハイブリッドな発想には脱帽せざるを得ませんが、まったく同情する気が起こらず自業自得という言葉しか浮かんでこないのは、おそらく私だけではないと思います。

この『中日新聞』の報道を受けて翌一二日に伊賀市は会見を開いています。それによると、この「住民税減額措置」が始まった詳しい経緯は記録が残っていないため不明だそうですが、一九六〇年代に「在日本大韓民国民団」(民団)や「在日本朝鮮人総連合会」(総連)との交渉で始まったとみられています。

さらに伊賀市は市税条例第五一条において「特別の理由があるもの」については住民税の減免を行なうことを定めており、今回のケースはそれにあたるとしています。この「特別の理由」については、「過去の資料がないため詳細については定かではないが、この規定により当時、市が歴史的経過、社会的背景、経済的状況などを総合的に考慮し、減免することが妥当と判断したものであろうと思われる」と説明しています。

当時の記録が残っていないそうなので想像するしかないですが、おそらく「歴史的経過」＝「強制連行」や「社会的背景」＝「差別」を持ち出して職員を吊るし上げて恫喝して、あるいは暴力を背景にした圧力をかけて、住民税半額という凄まじい「在日特権」を認めさせたのではないかと思われます。

そして「経済的状況」ですが、五年分の住民税（半額）が一八〇〇万円ということは正規の税額は三六〇〇万円で、年額七二〇万円という計算になります。ここからこの元在日の年収はとんでもない高額になると思われます。このような高額所得者がただ在日であるというだけの理由で、市税条例第五一条にある「特別の理由があるもの」と認定されて、税金半額という特権待遇を享受してきたのです。どうして日本人納税者が声を上げないのか、私には不思議で仕方がありません。

「多くの在日は過酷な差別によって貧困に苦しんでいるから、住民税半額くらいの特権は与えられて当然だ」と主張する人もいるかもしれませんが、皆さんもご存じのように住民税は所得に応じた額が課税されるので、所得が低ければ税額も低く、所得がゼロなら非課税の扱いとなります。つまり在日の住民税を半額にする理由として「経済的状況」を出されても、まったく意味不明で何の言い訳にもなっていないのです。

さらにその後の続報で、三重県の桑名市や三重郡楠町《くすちょう》でも同様に在日の住民税が半額に減免されていたことが明らかになっています。こうした「在日特権」が三重県以外にまったく存在しないと考えるほうが不自然であり、全国の自治体の多くで様々な「在日特権」が存在している可能性を疑うべきではないでしょうか?

■誤解されている? 「在日特権リスト」の間違い

余談ですが「2ちゃんねる」などインターネット上でよく貼られている有名なコピペ「在日特権リスト」をご存じでしょうか?

[地方税]　固定資産税の減免
[特別区]　区民税・都民税の非課税　軽自動車税の減免
[年　金]　国民年金保険料の免除　心身障害者扶養年金掛金の減免
[都営住宅]　共益費の免除　住宅入居保証金の減免または徴収猶予
[水　道]　基本料金の免除

［下水道］　基本料金の免除　水洗便所設備助成金の交付
［放　送］　放送受信料の免除
［交　通］　都営交通無料乗車券の交付　ＪＲ通勤定期券の割引
［清　掃］　ごみ容器の無料貸与　廃棄物処理手数料の免除
［衛　生］　保健所使用料・手数料の減免
［教　育］　都立高等学校　高等専門学校の授業料の免除

結論からいうと、これらは事実誤認、または生活保護受給者や低所得者（住民税非課税世帯）などに与えられている「特権」が混在しており、これを「在日特権リスト」と呼ぶのは無理があります。在日の生活保護率が高いからといって「生活保護」受給者の「特権」を「在日特権」にしてしまうのは、ちょっと強引なのではないでしょうか？　在日にはこれらの特権はないでしょう。

もちろんこの「在日特権リスト」が間違っていることをもって、「在日特権は存在しない」ということにはなりません。そのようなミスリードを誘う言論には注意しなければなりません。

かつて朝鮮総連の関連施設には固定資産税の減免が行なわれていました。二〇〇七年七月二四日付『読売新聞』の記事によると、総務省が朝鮮総連関連施設に対する固定資産税について二〇〇七年度の課税状況を発表したところ、一三一自治体のうち「全額免除」しているのが二八自治体、「一部減免」しているのが四七自治体もあったそうです。確かにこれは「在日特権」といっていいでしょう。しかし、二〇〇七年一一月に最高裁が朝鮮総連関連施設の固定資産税減免措置は違法であるとの判断を下し、この「在日特権」は剝奪されました。

また在日が国民年金保険料を免除されているという「在日特権」を、少なくとも私は聞いたことがありません。

■知られざる生活保護の実態

「生活保護」を受給すること自体は「在日特権」ではありません。しかし在日の生活保護率の異常な高さや、それを支える構造には問題があるといえそうです。

二〇一四年一〇月時点での日本の生活保護受給世帯数は一六一万五二四〇世帯（二〇一

四年、厚労省「被保護者調査」)。日本の総世帯数が五一九五万五〇四世帯（二〇一〇年、国勢調査）。そこから計算すると日本全体の生活保護率は約三%です。

それに対して在日韓国・朝鮮人の生活保護受給世帯数は二万八七九六世帯（二〇一一年、厚労省「被保護者全国一斉調査」）。在日韓国・朝鮮人の総世帯数は一九万二四六世帯（二〇一〇年、国勢調査）。同様に計算すると在日の生活保護率は約一五%にもなります。在日の生活保護受給率は日本人の倍どころか、なんと五倍にもなるのです。

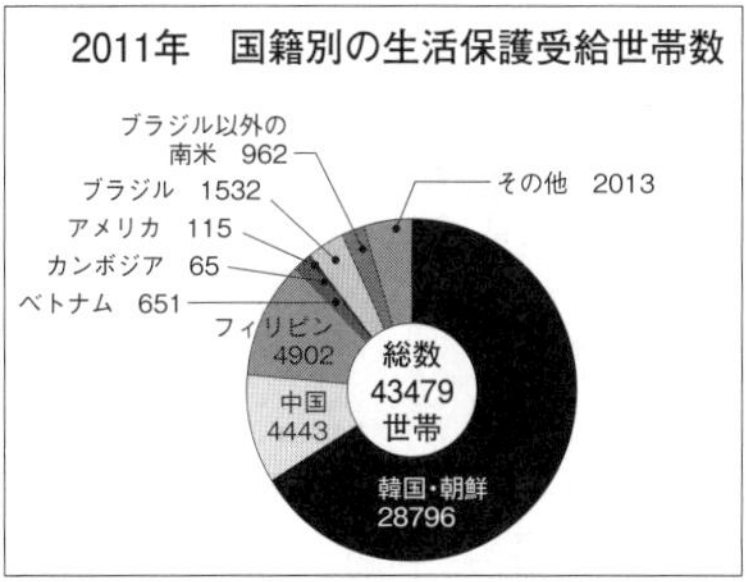

このような異常に多くの生活保護受給者を生み出す構造を「在日特権」であるとして批判する声も少なくないのです。

「在日は過酷な差別によって貧困に苦しんでいるから」といった類の言い訳が聞こえてきそうですが、他の在日外国人と比べても在日の生活保護世帯数は突出した数字となっています。在日中国人は二〇一四年六月末時点で、六四万八七三四人（法務省「在留外国人統計」）で、在日韓国・朝鮮人よりも人口が多いのですが、生活保護受給世帯数は彼らの六分の一に留まっていますし、在日フィリピン人も二一万八七三四人で（同）、在日韓国・朝鮮人の五分の二の人口ですが、生活保護受給世帯数は彼らの六分の一〜五分の一に留まっています。在日韓国・朝鮮人は彼ら以外の在日外国人と比較して、これだけの差が出るほどに制度的差別が日本に存在しているというのでしょうか？

そもそも外国人に生活保護を支給すること自体がおかしいとする意見もあるのです。外国人が生活保護法の対象となるかどうかが争われた訴訟で、二〇一四年七月一八日、最高裁は「外国人は生活保護法の対象者ではなく受給権もない」という判断を示しています。つまり現在は受給権のない在日外国人に対して、いわば「善意」で生活保護を支給している状態といえるのです。

■なぜ在日は生活保護率が高いのか？

ではなぜ在日の生活保護率は日本人の五倍にもなる約一五％に上るのでしょうか。これには二つの要因が考えられます。一つは、一部の在日が、暴力を背景にした恫喝、あるいは直接的な暴力を行使して生活保護を認めさせてきたこと、もう一つは、生活保護不正受給者が多いと推察されることです。

たとえば二〇〇八年六月に、埼玉県深谷市の在日韓国人で元暴力団員の崔鳳海が、生活保護を不正受給していたとして逮捕されています。崔鳳海は元暴力団員の「威光」をちらつかせ、さらに職員に物を投げつけるなどの暴力行為で脅して、五年間で約一八〇〇万円もの生活保護費を不正に受給していたのです。

二〇一三年五月、東京都新宿区で歌舞伎町の韓国人クラブ経営者の許愛栄が無収入を装い生活保護費総額一三九〇万円を不正受給していたことが分かり逮捕されました。同年一二月には、東京都昭島市で在日の向山一美（通名）が実際の所得よりも低い額面の給与明細書を提出し、計四三回約五七八万円の生活保護費を騙し取った容疑で逮捕されました。最近では二〇一五年二月、大阪府豊中市で玄戍美が所得を隠して約一一〇〇万円もの生活保護費を不正受給したとして逮捕されています。これらのような在日韓国・朝鮮人による生活保護不正受給例はまだまだ氷山の一角であるといえるでしょう。

生活保護不正受給の問題で特筆すべきは、二〇一四年四月に「反差別」団体「友だち守る団」の元代表で在日韓国人の凛七星こと林啓一が、生活保護費約一一二万円を不正に受け取ったとして大阪府警に逮捕されたことでしょう。この林啓一は「レイシストをしばき隊（現・C.R.A.C.）」と同じ様に、桜井誠会長（当時）が率いる「在日特権を許さない市民の会」（在特会）と激しく敵対していました。在特会はその名の示すとおり「在日特権」を批判して廃止を訴えている団体です。その在特会の主張を「ヘイトスピーチ」だとして批判して攻撃していた「反差別」団体の元代表である在日が、「在日特権」であると批判されている生活保護費の不正受給で逮捕されたのです。馬脚を露《あらわ》すとはまさにこのことです。「友だち守る団」とやらの活動目的は「反差別」などではなく、「在日特権」を守ることにあったのではないかと疑われても仕方がないのではないでしょうか？　余談ですがこの凛七星こと林啓一は、二〇一四年六月に脅迫の疑いで再逮捕されています。

■福祉給付金という優遇措置

在日特権リストにある国民年金保険料免除というのはデマです。しかし無年金の在日外国人に対しては、全国八二〇以上の自治体が年金の代わりとして「外国人福祉保障制度」を設け、「福祉給付金」と称するお金を支給しています。条件を満たしていれば韓国・朝鮮人以外の外国人にも支給することになっていますが、受給者はほとんど在日韓国・朝鮮人で占められており、また日本人はこの制度から完全に排除されているのです。年金未加入や二五年間の納付期間に満たないことが原因で一円も支給されていない日本人が約一一八万人もいますが、無年金状態になっているのは自己責任であるとしてまったく救済措置がとられておらず見殺しにされています。にもかかわらず外国人だけ救済されていることについて、疑問に思う人も多いのではないでしょうか？

そもそも日本の年金制度は、在日に対しては、韓国の年金制度が発足した一九八八年よりも六年早い一九八二年から加入できるようになって、さらにカラ期間までをも認める優遇措置を取っているのです。一部の在日は、何の保障もしない祖国に対して何もいわず、優遇措置を取っている日本に対してだけ、訴訟を起こしたりするという醜い態度を取っています。

何にせよ、この「福祉給付金」については「在日特権」と呼んで差し支えないでしょう。

■ 批判すべき対象は在日か、自治体か？

「在日特権は自治体などが行なっている優遇行政の問題なのだから、その受益者だからといって在日を批判するのはお門違いだ」という意見があります。たしかに在日に対して「在日特権を廃止しろ」と要求しても意味がない話であり、それは特権待遇を与えている各自治体などに訴えるべきでしょう。

しかし「在日特権」は在日の関知しないところで勝手に生まれて、一方的に付与されたわけではありません。すでに述べたとおり、各地域で自治体などに対して圧力活動を行なった結果として「在日特権」が存在するのです。彼らは「在日は強制連行の被害者とその子孫」と歴史を捏造して道徳的優位に立った上で、暴力的な抗議、あるいは直接的な暴力を用いるなどして、各自治体などの職員に圧力をかけて数々の「在日特権」を認めさせてきたのです。

たとえば戦後の混乱期の一九五〇年一一月、神戸市長田《ながた》区役所に約二〇〇人の在日が押しかけ、税金免除や生活保護などを要求して区長を監禁する事件が起こっています。翌一九五一年一〇月にも兵庫県加西《かさい》郡（現加西市他）の下里《しもさと》村役場に約二〇〇人の在日が押しかけ、職員を取り囲んで集団暴行を加えて生活保護などを要求する事件がありました。厚生省社会局による在日韓国・朝鮮人の被生活保護者数の統計によれば、一九五一年には六万二四九六人だった生活保護者数が、一九五四年には一二万九〇二〇人、一九五五年には一三万八九七二人にまで激増しています。一九五五年の在日の生活保護受給率を計算すると、なんと二四・一％にもなるのです。つまり四人に一人が生活保護者だったのです。おそらく日本全国で在日による集団圧力活動が展開され、職員を吊るし上げて生活保護を認めさせていったのだと思われます。その後行なわれた生活実態調査の結果、在日の多くが不正に受給していたことが明らかとなり、社会的に問題視されました。

こういった役所の職員を取り囲んで暴行を加えて生活保護を認めさせるような荒っぽい手口は、さすがに今の時代では難しくなってきているはずです。しかし最近でも、二〇〇八年七月に下関市役所に約六〇人の在日が押しかけて朝鮮学校への補助金削減を撤回するように要求し、市長室前を占拠するという騒ぎを起こしています。

全国各地域で常にこのような直接的な暴力が用いられたわけではないと思いますが、「在日に逆らったら暴力を振るわれるかもしれない」と職員が恐怖に怯えてしまったとしても、それは仕方がないことなのではないでしょうか？

連日のように大勢の在日が押しかけて「自分たちは強制連行の被害者」「差別されている」などと叫び、暴力を背景にした圧力をかけて「在日特権」を要求してくるのです。実際に在日に職員が監禁されたり集団暴行されたりした前例もあるのです。もし私がその役所に勤める職員だとしたら、とても精神的に耐えられず、特権でも何でも認めて楽になりたいと考えてしまうに違いありません。それを責めるのはあまりにも酷であるというべきでしょう。

過去に一部の在日から暴行を受けた職員が大勢いるという「実績」があるので、その恐怖に縛られて在日に強い態度を取ることができず、さらに「強制連行」「差別」などと責め立てられて精神的に追い詰められて、結果として審査が甘くなっている可能性は否定できないのではないでしょうか？　在日韓国・朝鮮人だけが突出して生活保護率が高く、また不正受給事件のニュースも後を絶たないのですから。

このような「在日特権」が生まれた状況、経緯を無視して「仮に在日への優遇措置があったとしても、それは役所などが実施していることなのだから、在日に対して文句をいうのはおかしい」と主張することに対し、違和感を感じる人も少なくないのではないでしょうか？

■在特会の正しい潰し方

一部の在日が目の敵にしている「在日特権を許さない市民の会」（在特会）ですが、この在特会を潰すのは実はとても簡単で、在特会が主張する「在日特権」についてすべて「論破」して、妄言であることを明らかにすればいいのです。そうすれば在特会は存在理由を失って消えていく他なくなるでしょう。一部の在日は「在日特権など存在しない」と主張しているのですから、在特会の「妄言」を論破するのは容易なことのはずです。

しかし一部の在日が選んだのは「論破」ではなく、昔ながらの「暴力」による圧力でした。数十年前ならともかく今の時代にはそぐわないと思うのですが、かつて「暴力」で日本人を黙らせてきた輝かしい成功体験が頭から離れなかったのかもしれません。現在でも保守系のデモに参加する日本人を狙った暴行事件が多発して複数の逮捕者が出ています。日本人の多くが一部の在日の暴力性に嫌悪感を抱いていることにどうして気づかないのでしょうか？

刺青《いれずみ》を背負ったチンピラ集団が中指を立てて威嚇《いかく》する姿を見たときに普通の日本人がどう感じるのか、その程度の想像力も働かなかったのでしょうか？　確かに多くの人は暴力に屈服するかもしれません。しかし決して納得はしないのです。納得するのは、正しいと思える理屈なのです。もしかすると最初から日本人の理解を得ようとは考えていないのかもしれませんが……。

それにしても「強制連行神話」という「被害者」としての捏造歴史が論破され使えなくなってしまったことは、一部の在日にとっては相当痛いことなのだろうと、今さらながら感じます。

■犯罪を犯した在日韓国・朝鮮人の隠れ蓑としての「通名報道」

『朝日新聞』などの一部マスコミでは在日韓国・朝鮮人による犯罪について報道するときに、犯人の本名を隠して通名（通称）だけを報じることがあります。いわゆる「通名報道」と呼ばれる問題です。まずは典型的な「通名報道」のサンプルを紹介したいと思います。以下は二〇一四年三月に京都市で起こった、在日韓国人の男による殺人事件について報じた『朝日新聞』と『産経新聞』の記事です。

近隣住人の男性を包丁で刺して殺そうとしたとして、京都府警は九日、京都市右京区太秦一ノ井町《うずまさいちのいちょう》、無職安東泰和容疑者（六一）を殺人未遂容疑で緊急逮捕し、発表した。男性

は死亡し、府警は容疑を殺人に切り替えて調べる。安東容疑者は「一〇年来の恨みがあった。殺すつもりはなかった」と話しているという。

右京署によると、安東容疑者は九日午前一〇時半ごろ、近所に住むクリーニング店経営、山本芳弘さん（七五）の首や腹を複数回包丁で刺し、殺害しようとした疑いがもたれている。

（二〇一四年三月九日付『朝日新聞』WEB版より一部引用）


九日午前一〇時半ごろ、京都市右京区太秦一ノ井町で「近所の方が刺された」と一一〇番があった。駆けつけた京都府警右京署員が、近くに住むクリーニング店経営の山本芳弘さん（七五）が、刃物で首や腹など数カ所を刺されているのを発見。山本さんは病院に搬送されたが、まもなく死亡した。

同署は、殺人未遂の疑いで、近くに住む韓国籍の無職、金洙吉容疑者（六一）を緊急逮捕し、容疑を殺人に切り替えて捜査している。捜査関係者によると金容疑者は「確かに刺した。一〇年来の恨みがあった。殺すつもりはなかった」などと供述している。

（二〇一四年三月九日付『産経新聞』WEB版より一部引用）

『朝日新聞』ではこのように在日が犯した犯罪が、あたかも日本人によるものであるかのように偽装された記事が垂れ流されているのです。『朝日新聞』しか読まない人間にとっては、この世に在日犯罪は存在せず、在日はこれまで犯罪を犯したことのない世界一善良な人たちということになっているのです。

通名は届け出により何度も変更することが可能なので、在日犯罪が通名でしか報じられない限り、在日犯罪者は自分の過去の犯罪を隠蔽することができます。これによって在日犯罪者は犯罪を犯したという事実を公表されるという社会的制裁を免れることができるのですから、この「通名報道」は『朝日新聞』など一部マスコミが付与する「在日特権」であるといえるのではないでしょうか？

私としては『産経新聞』にも少し不満があります。やはり「韓国籍の安東泰和こと金洙吉容疑者」というように国籍と本名と通名を合わせて報じるべきだと思います。この金洙吉が通名だけで生活していて完全に日本人に成りすましていた場合、本名報道だけでは誰にもばれず、社会的制裁にならない可能性があるからです。

通名は住民票のある市役所などで届け出ることで公的に通用するものとなり、銀行口座の開設や携帯電話の契約なども通名で行なうことができます。しかし、日本人が通名を届け出ることはほとんど不可能であり、これは在日外国人全体に認められる権利です。ただし、犯罪を犯したときに通名で報道されるというのは、ほとんど在日韓国・朝鮮人にだけ許された「特権」なのです。

「オマエも『山野車輪』という通名（ペンネーム）を使っているくせに、在日の通名を批判するのはおかしい」などと批判してくる人もいますが、「漫画家特権」のペンネームでは銀行口座どころかTSUTAYAの会員証をつくることすらできませんし、そもそもペンネームは誰でも名乗ることができるので「特権」とはいえません。それにもし私が逮捕されても『朝日新聞』が「ペンネーム報道」をして本名を隠蔽してくれることは、おそらく期待できないでしょう。

通名の変更については各自治体によって条件に多少の違いがありますが、原則として何度でも変更することができます（二〇一五年二月現在）。たとえば東京都の某区役所に問い合わせたところ、「在日外国人は通名を三回までなら無条件で変更可能で、それ以降から は変更する理由を必要に応じて聞くことがある」という説明を受けました。どうやら担当する職員の裁量に委ねられている部分が大きいようです。つまり窓口で「差別」と叫んで職員を吊るし上げれば、おそらく何度でも変更可能ということなのでしょう。荒川区議会の小坂英二議員のブログ記事によると、東京二三区内での最高記録として三二回も通名を変更した在日がいたそうです。

二〇一三年一一月一日、韓国籍の青山星心こと文炳洙が通名を悪用して携帯電話を不正売買したとして、埼玉県警組織犯罪対策課に逮捕されています。文炳洙は区役所で短期間に通名を何度も変更し、新旧の通名を使い分けて三年間に約一六〇台のスマートフォンやタブレットなどの端末を購入し、それを転売していたのです。通名を変更すれば違う名前で銀行口座や携帯電話をいくらでも契約することができるので、それを悪用した犯罪が後を絶ちません。また複数の通名を用いて複数の口座を開設できることが脱税やマネーロンダリングを容易にしているという指摘もあります。

政治家が外国人から政治献金を受けることは外国勢力の政治介入につながるため、政治資金規正法で禁止されています。しかし現実として通名で日本人に成りすました在日を見分けることは困難で、日本人と勘違いして献金を受け取ってしまう事例が多発しています。

このように通名制度には様々な問題点が指摘されているのです。「通名報道」という、一部マスコミが付与する「在日特権」は、犯罪行為の隠れ蓑《かくみの》としての機能を果たしているのです。

■「通名報道」と嫌韓流裁判

『マンガ嫌韓流』（晋遊舎）を制作していたとき、二〇〇五年の春頃だったと思いますが、出版社経由で朝日新聞に在日犯罪の通名報道について問い合わせをしたことがあります。『朝日新聞』の回答は「容疑者の名前は警察が発表したものをそのまま使っているだけ」というものでした。『産経新聞』などの他社が報じている本名も警察が発表したものであり、『朝日新聞』の回答は明らかにおかしいのですが、それを指摘しても「容疑者の名前は警察が発表したものをそのまま使っているだけ」とひたすら繰り返すだけで、まったく話にならなかったのです。

おそらく『朝日新聞』は独自の信念に基づいて通名報道をしているのでしょうが、そうであれば読者に対して「在日犯罪については本名も国籍も報じません。日本人による犯罪であるかのように報じますが、それに不満があるなら購読しなくていいです」と紙面ではっきりと宣言する義務があるのではないでしょうか？

民団幹部で大阪市立大学の朴一《パクイル》教授は、二〇〇五年四月一〇日放送のTBS「サンデージャポン」に出演した際に、「犯罪が起きたときに在日コリアンという出自を暴くというマスコミのやり方というのは、いかがなものかと私は思うんですよ」と述べ、在日犯罪者の本名や国籍は隠して報道すべきだと主張しています。

このように在日犯罪者の出自や本名を報道することは「差別」であると主張している在日が大勢いるため、一部マスコミでは一部の在日の主張に迎合して、あるいは抗議を恐れて通名報道をしているのかもしれません。しかし、そんな抗議は恐れる必要がないのです。マスコミ関係者にもほとんど知られていないようですが、二〇〇九年三月五日に東京高裁において「犯罪者の出自を報道することは問題がない」とする判決が出ています。「本名や国籍を報じるのは差別だ」と在日が抗議してきたときに、その判例を突きつけて追い返せるように、ここで簡単に紹介しておきたいと思います。

その判決とは、あの織原城二が山野車輪と晋遊舎を訴えていた、いわゆる「嫌韓流裁判」において出されたものです。織原城二という人物は、一九九二年から二〇〇〇年にかけて女性九人に薬物を飲ませるなどして性的暴行を加え、うち一人を死なせたとして準強姦致死罪などで無期懲役の有罪判決を受けた犯罪者です（ルーシー・ブラックマン事件で有名になりましたが、ブラックマン殺害に関しては無罪が確定しています）。拙著『マンガ嫌韓流3』（晋遊舎）に織原城二について述べた箇所があり、「織原城二は帰化した元在日であり、帰化する前の名前は金聖鐘である」という内容のことを描きました。織原は獄中で拙著を読んだらしく、これらの記述について「名誉毀損」「プライバシー侵害」であるとして訴えてきたのです。織原の主張はこれだけではなく、たとえば死亡した被害者女性の人数の誤記などについても訴えてきたのですが、話が長くなるのでここでは犯罪者の出自を報道することの是非に関する部分だけを紹介していきます。

本件書籍（『マンガ嫌韓流3』）の内容・構成は強い反韓反朝鮮反在日という一方的な偏向姿勢で貫かれている。かかる構成を前提とし被告山野は前述のごとく本件第七話において本来プライバシーに属する原告（織原）の帰化以前の身分をあえて記載している。かかる記載により原告（織原）の名誉は著しく毀損されたものである。
（訴状より一部引用）

この織原の主張に対する反論ですが、韓国人や在日から見れば「反韓反朝鮮反在日という一方的な偏向姿勢」と感じるかもしれませんが、あくまでも事実をもとに論じているに過ぎません。また一部マスコミは在日韓国・朝鮮人が犯罪を犯した場合、国籍も本名も明らかにせずに通名で報道することが多いですが、他の外国人による犯罪の場合には国籍も本名も明らかにして報道します。これは在日韓国・朝鮮人だけを特別に扱う歪んだ行為であり、そんな「特権」が存在しているうちは日本人と在日との間に真の相互理解が生まれないのではないか。そんな問題意識を問いかけることが執筆目的でした。

それから「帰化以前の身分を記載したことはプライバシーの侵害であり名誉毀損である」という主張ですが、要するに織原は「元韓国人であったことをバラしやがって！」と大層ご立腹になられたわけです。ある人の国籍を述べることが名誉毀損になるとは思えませんが、私が最も理解できないのは「元在日と書かれて精神的苦痛を受けた」という卑屈な考え方でした。私は日本人とバラされても恥ずかしくないし、名誉毀損ともプライバシーの侵害とも考えません。何しろ日本人であることを誇りに思っているのですから。織原が日本に帰化した元在日であるという事実を書いたことは、精神的苦痛を受ける性質の事実ではないと私は信じていたので、そもそもプライバシーの侵害にはならないと考えたのです。

プライバシーの侵害とは、「みだりに公開されることを欲せず、それが公開された場合に精神的苦痛を受ける性質の未だ広く公開されていない私生活上の事実を記述すること」とされています。

仮に織原が訴えている「元在日という身分の記載はプライバシー侵害」という主張が認められた場合、それは「在日」という身分は公開された場合に精神的苦痛を受ける性質のものであるということになります。

つまり「在日」という身分は「不名誉」であり「恥ずかしい」ものであるということが、なんと裁判所で認定されてしまうことになるのです。元在日が「在日であることは恥ずかしいことである」と主張して、それに対して「嫌韓流」の作者が「いや違う、在日であることは全然恥ずかしいことではない」と法廷の場で反論するという冗談みたいな展開になっていたのです。もちろん私は、「在日」という身分を「恥ずかしい」とは思いません。国籍にかかわらず、個々人の行なっている犯罪や言論封殺活動などについては恥ずかしいと思いますが。結論からいいますと、高裁判決では私の主張が認められて実質勝訴となりました。

たとえプライバシーを侵害するものであるとしても、我が国に帰化した者が犯罪を犯して有罪の判決を受けた場合において有罪の判決を受けたことを報道し、あるいは記述する新聞、雑誌や著作物等においてその者の出自を明らかにすることは、社会的に相当な行為として許される場合があることを換言すれば、その者においてそれを受忍しなければならない場合がある。これを公表されない法的利益とこれを公表する社会的必要性とを比較衡《こう》量《りょう》し後者が前者を上回っている場合には、公表することの違法性が阻却されるものと解すべきである。（中略）これ（犯罪の動機や背景など）を読者に正しく理解させるためにも必要であったと認めるのが相当であり、被控訴人（織原）の出自を公表することの社会的必要性は肯定されるものというべきであって、そしてその必要性は被控訴人（織原）がそれを公表されない法的利益に優越するものというべきである。

（判決文より一部引用）

この高裁判決では、元在日韓国人であったという事実の公表がプライバシーを侵害するものであったとしても、社会的必要性つまり国民の知る権利が優先されるので、犯罪者の場合は出自を公表しても問題ないという判断が下されたのです。

元在日の犯罪者の帰化以前の出自を報じることの社会的必要性が肯定されるのであれば、在日の犯罪者の国籍・本名を公表することも当然肯定されることになります。もし在日が「差別」などと言い掛かりをつけて抗議をしてきたとしても、この判決を持ち出して反論すればいいのですから、マスコミは在日犯罪者の本名と国籍をきちんと報じて、報道機関としての責任を全うしてもらいたいと思います。

誤解がないように付け加えておくと、公表した場合にプライバシーの侵害に該当する可能性があると高裁で判断されたのは、犯罪者でない元在日の出自についてであり、在日韓国・朝鮮人であるという現在の国籍を公表することがプライバシーの侵害になるか否かについての判断は行なわれていません。

・出自を公表してもプライバシーの侵害にならない
↓犯罪を犯した元在日、犯罪を犯した在日
・出自を公表した場合にプライバシーの侵害になる可能性がある
↓犯罪を犯していない元在日
・出自を公表した場合にプライバシーの侵害になるか否か不明

↓犯罪を犯していない在日

私としては国籍がプライバシーにあたるとは思っていませんが、芸能人やスポーツ選手などについては、わざわざ在日であると公表する社会的必要性があるとはあまり感じません。しかし政治家や公務員などの公権力に携わる人たちについては、プライバシーよりも公表する社会的必要性のほうが優先されるべきではないでしょうか？

たとえば民主党には帰化した元在日の国会議員が何人か在籍しています。参議院議員の白眞勲《はくしんくん》については、元在日韓国人であることを公表して立候補しており、有権者は韓国系日本人であることを承知の上で投票しているので何も問題ありません。白眞勲の政策を批判するのはいいですが、元韓国人という出自を理由に叩くのは間違っています。

しかし元在日という出自を隠して立候補している人たちについては、有権者を欺いているという自覚がないのか、まったく後ろめたい気持ちがないのか聞いてみたいところです。民主党の衆議院議員だった古賀潤一郎がペパーダイン大学中退を卒業と学歴詐称したとして、党内からも批判を浴びて議員辞職に追い込まれましたが、「出自隠蔽」の議員たちについては民主党内では問題視されていないのでしょうか？

国会議員のような権力者については、生まれてから現在に至るまでの全人生を丸裸にされるのは仕方がないと考えます。どのような環境に育ち、どのようにして人格形成がなされたのか、分析・評論されることは当然であり、そのためには元韓国人という出自は明らかにされなければならないのです。元韓国人がその事実を隠したまま国会議員として巨大な権力を振るうことに、不安や疑問を感じる日本国民は少なくないと思われます。民主党の幹部である某参議院議員はどうしてプロフィールに一九七五年八月に帰化した事実を書かないのか、有権者に対してきちんと説明すべきではないでしょうか？

■ 本当に差別をなくすために

「在日韓国・朝鮮人であることは恥ずかしい」という考え方は差別であり、最大の侮辱であると思います。しかし悲しむべきことですが、もしかすると「在日であることが恥ずかしい」と考え、自らの出自や国籍を隠したいとする在日も一部には存在しているのかもしれません。在日韓国・朝鮮人の通名はそのほとんどが日本名であり、通名で生活する在日の多くが「日本人に成りすますこと」を目的として通名を使っているのが実情ではないでしょうか？　なぜ多くの在日韓国・朝鮮人は、通名で日本人のふりをするような卑屈な生き方しかできないのでしょうか？　一部の在日は「過酷な差別があるから外国人であることを隠さなければ生活できない」などと主張するかもしれませんが、他の国の在日外国人がそのようなことをしている例を、私はほとんど聞いたことがありません。仮に差別があったとしても、日本人のふりをして差別問題と正面から向き合わずに逃げているうちは、いつまで経っても問題は解決しないのではないでしょうか？

しかしながら現在の若い在日の多くは、日本人のふりをする生き方を自ら選んだわけではないでしょう。子供の頃は自分を日本人だと思い込んでいて、あるとき親から自分が韓国人であることを告げられてショックを受け、気まずくて学校の友人などには言い出すこともできず、周囲を欺いている罪悪感や劣等感を抱えながら、とりあえずそのまま惰性で日本人のふりを続ける……私の知り合いの編集者にもこのような在日の知人がいたそうですが、そんな在日が他にも大勢いるのではないかと思います。このような卑屈で悲しい生き方を多くの在日に強いている通名制度が、一日も早く廃止されることを願うばかりです。

■暴力団と在日韓国・朝鮮人

警察庁のＷＥＢサイトでは「指定暴力団一覧表」が公開されていますが、それによると二〇一四年一二月時点での指定暴力団は二一団体で、そのうち五団体の代表を務めているのがなんと在日と思われるのです。日本の人口約一億三〇〇〇万人に対して在日人口は約五〇万人に過ぎず、人口比は二〇〇対一に過ぎません。指定暴力団が二〇〇団体あって、ようやく一つの団体の代表が在日というのならスジの通った話ですが、これは驚くべき割合です。

実は暴力団員の三割を在日が占めているともいわれています。指定暴力団四代目会津小鉄会の高山登久太郎会長は、一九九六年九月号『論座』（朝日新聞社）でのインタビューの中で、「ヤクザの世界に占める在日韓国・朝鮮人は三割くらい」という内容の話をしています。

また公安調査庁の調査第二部長だった菅沼光弘が二〇〇六年一〇月一九日に外国特派員協会で行なった講演で、「日本のヤクザのうち六割が同和の関係者、三割が在日」と証言しています。指定暴力団のトップと公安調査庁の幹部が同じことをいっているのですから、「ヤクザの三割が在日」という話の信憑《しんぴょう》性は非常に高いと考えざるを得ません。

警察庁の発表によると二〇一四年の暴力団構成員及び準構成員の数は五万三五〇〇人で、その三割は一万六〇五〇人となります。特別永住者の男性の人口は一八万一四六三人（ごく僅かの韓国・朝鮮以外の外国人含む）であり、つまり在日韓国・朝鮮人男性の一〇人に一人弱が、在日ヤクザであるということになるのです。未成年と高齢者を除いた二〇～六五歳未満に限定すれば、この割合は一〇人に一人どころではなく、さらに高い割合となってしまうのです。

特別永住資格を持つ在日は国外退去になる心配がないので、一部の在日は安心して犯罪を犯したり、暴力団の世界に身を投じることができます。

特別永住資格を定めた入管特例法を廃止すれば、在日犯罪が減少し、暴力団も人材の主要な供給源を絶たれて衰退していくかもしれません。在日の男性と相対するときは、一〇％の確率で相手がヤクザである可能性を覚悟しなくてはならないのです。在日に逆らったら何をされるか分からない。こんな恐ろしい民族に逆らうなんてとんでもない。一部の在日は日本人にそう思い込ませることで、暴力の恐怖で心を縛って、様々な要求をゴリ押ししてきたのではないでしょうか？

■在日のさまざまな言論封殺活動

一部の在日は、「在日特権」に反対する人たちに対して牙を剝いて、過激な妨害活動を展開して、彼らによる日本人への暴行事件が多発して、複数の逮捕者が出ています。また在日問題の言論に対して「差別」「ネトウヨ」というレッテル貼りで、自分たちに対する一切の批判を封殺しようとしています。その卑劣なやり方には批判せざるを得ません。あくまで、言論活動が全て「差別」とすり替えられてしまう状況下では、決して新しい未来はうまれないでしょう。むしろ「差別」を武器にするなら「差別はいけない」という一番大事なことが軽んじられる恐れがあります。さらに「差別」のレッテル貼りを行なっている主体が一部の在日である以上、批判の矛先が一部の在日から、在日全体に対して向いてしまうことも起こりうるでしょう。しかし彼らにとってはその方が都合が良いのかもしれません。「在日は『弱者』である」という武器の効力が維持できるのですから。

二〇一五年三月に上梓した拙著『マンガ大嫌韓流』（晋遊舎）に対しても、醜悪な言論封殺活動が行なわれました。一部の在日の組織がツイッターで「この本(『大嫌韓流』)を平積みしている書店を見つけたらいちいち店員を叱るという運動を全国的に展開しましょう」と書店への弾圧行為を呼びかけ、さらに「全国レベルで書庫に押し込めちゃいましょう」と、図書館への圧力行動に手を染め始めたのです。他の在日韓国・朝鮮人の方々は、一部の在日が引き起こすこのような愚劣な言論封殺行為を防ごうとしないのでしょうか。

私の知る限り一〇年前からすでに「在日には自浄作用がない」ということが語られていましたが、いよいよ来るところまで来てしまった感があります。日本側そして在日側両方から在日タブーを壊して、在日に関する健全な言論空間を作り出す必要があるでしょう。

■メディアの在日タブー

テレビに出演している某言論知識人から二〇一三年に「テレビは左派的な言論空間だから、『嫌韓』のスタンスだと、テレビに出演できないよ」という趣旨のことをいわれたことがあります。この話を聞いてから二年経ち、現在はすっかり嫌韓世論が主流になり、テレビにおいても韓国批判に関するタブーはほぼなくなりました。しかし在日批判については、まだまだ大きな壁があるといっていいでしょう。在日問題は、「在日被害者史観」というべき偏った論調が正しいものとされ、在日に関する様々な歴史事実はすでに掘り起こされており、かなり明確になっているにもかかわらず、封殺されたままの状態であり、未だ個々人が「自主規制」せざるを得なく、堂々と語ることができないのです。この自主規制というのは、たとえば「飲み会などで在日に関する批判的な話題を持ち出すと『差別』『ネトウヨ』扱いされるから話題にすることはやめよう」というものから、言論知識人としてテレビなどのマスメディアに出演する場合、在日に関して批判的な発言をしているとお呼びがかからないから、「在日特権はない」といっておくべきというものまで様々です。

在日批判が触れてはいけないタブーであるために、各々が保身のため、または言論人としてメジャーな存在になるには足かせになるから、在日批判を控えるという現状がありま す。このようなタブーを問題視し是正するのが言論人の役割だと思うのですが、いかがでしょうか。

ネット環境以降、雨後のタケノコのように言論知識人が増えました。しかし、韓国・在日問題を語る言論知識人ですら、「在日特権はない」または「在日特権は些細《ささい》なもの」などと語る場面を見かけます。自己のブランドイメージを守るために「差別」「ネトウヨ」というレッテル貼りを回避しようとしているのでしょうか。

確かに在日問題を語ることはハイリスク・ローリターンといわざるを得ません。嫌韓本は増えましたが、在日問題に切り込んだものはやはりあまり見かけません。在日問題が身近にあるにもかかわらず、です。それとも、単に在日問題がわかっていない情報弱者が多いのでしょうか。

在日問題が明確になって身近にありながら、「差別」「ネトウヨ」というレッテル貼りに屈して抗《あらが》おうとしないこと。これこそが在日問題の本質ではないでしょうか?

第四章 嫌韓に火を注いだ日韓現代史

■教科書問題に端を発した、間違いだらけの日韓近現代史

明治大正期の戦争は、日清戦争（一八九四年）、日露戦争（一九〇四年）、第一次世界大戦（一九一四年）といったように、ちょうど一〇年ごとの間隔で勃発しています。無論これは単なる偶然なのですが、実は近年の日韓関係にも一〇年ごとに大きな転換点があったのです。それは教科書問題（一九八二年）、従軍慰安婦の外交問題化（一九九二年）、日韓W杯（二〇〇二年）、韓国大統領の竹島上陸と天皇侮辱発言（二〇一二年）です。

一九八二年六月二六日、『朝日新聞』など各新聞、各テレビ局が一斉に「文部省が教科書検定で高等学校用の日本史教科書の日中戦争に関する記述を『華北へ侵略』から『華北に進出』に変更させた」と報道しました。たとえば『朝日新聞』は「『侵略』表現薄める」「教科書さらに『戦前』復権へ」などと強く批判したのです。

しかし間もなく「侵略」を「進出」に書き換えさせた事実はなかったことが分かり、『朝日新聞』などの報道は完全な誤報だったことが明らかとなったのです。

『朝日新聞』は九月一九日になってからやっと中川昇三社会部長名で記事を掲載し、「『侵

略』→『進出』今回はなし」などと報じて、一連の記事が誤報であったことを認めました。しかしこの記事では「一部にせよ、誤りをおかしたことについては、読者におわびしなければなりません」としつつも、「ことの本質は、文部省の検定の姿勢や検定全体の流れにあるのではないでしょうか」「侵略ということばをできる限り教科書から消していこう、というのが昭和三〇年頃からの文部省の一貫した姿勢だったといってよいでしょう」などと書いています。今この『朝日新聞』の言い訳を読んで、既視感を覚えた読者も大勢いるのではないかと思います。

二〇一四年八月五日に『朝日新聞』は、慰安婦問題に関して「強制連行」があったとした過去の報道について誤りを認め、記事を取り消しました。

しかし同時に「慰安婦として自由を奪われ、女性としての尊厳を踏みにじられたことが問題の本質」と主張し、「慰安婦問題の本質は強制連行の有無ではなく女性の人権」などと言い出したのです。

誤報が明らかになっても素直に謝罪して訂正するのではなく、「問題の本質は文部省の姿勢」「問題の本質は女性の人権」といったように論点をすり替えるのが、三〇年前から変わらない『朝日新聞』のやり口なのです。

一九八二年七月、中国は日本に対して外交ルートを通じて公式に抗議を行ない、翌八月には韓国も中国に追随して抗議を行なって、この教科書問題は日中韓にまたがる外交問題にまで発展していきました。

おそらく多くの皆さんが「中国はともかく、なぜ韓国が抗議するのか？」と疑問に思われたことでしょう。歴史教科書の記述内容について他国が口を出すことは、本来であれば内政干渉にあたります。百歩譲って中国が抗議するのはまだ理解できますが、どういうわけか無関係の韓国が出てきて猛抗議を始めたのです。日中間の問題であったはずの教科書問題が、なぜ日韓間の対立をも引き起こしたのか、簡単にですが紹介しておきたいと思います。

『朝日新聞』など日本の大手メディアが文部省の検定によって日本史教科書の「侵略」が「進出」と書き換えられたと報道（誤報）したことを受けて、『朝鮮日報』などの韓国メディアはそれらの日本メディアの記事を引用して報じるとともに、独自に文部省に対して取材を行ないました。

当時、文部省の教科書検定課長であった藤村和男は、『朝鮮日報』などの記者から取材を受けた際に、第二次世界大戦中に行なわれた朝鮮半島からの「強制連行」について質問され、「当時の朝鮮人は日本国民として徴用されたのであり、徴用は強制連行にはあたらない」と答えています。何も間違っておらず、まったく真っ当な発言であるとしか思えませんが、この発言に韓国世論は激しく反発したのです。

当時の鈴木善幸《ぜんこう》内閣で国土庁長官と北海道開発庁長官を兼任していた松野幸泰《ゆきやす》は、韓国による日本の歴史教科書への批判について「内政干渉ではないか」「韓国の歴史教科書には誤りはないのか」と発言しています。

さらに小川平二《へいじ》文部大臣は槙枝元文《まきえだもとふみ》日教組委員長との会談の中で「教科書問題は内政問題だ」と述べて中国と韓国を批判したとされています。これは槙枝委員長が会談の後に行なった記者会見で明らかにしたことなのですが、それに対して小川文相はそのような発言はしていないと主張しています。

ちなみにこの槙枝元文という人物ですが、熱狂的な主体《チュチェ》思想の信奉者であり、金日成を世界で一番崇拝していると公言していました。北朝鮮、朝鮮総連と非常に関わりが深く、一九九一年には金日成から国際親善賞第一級の勲章を授与されています。

韓国メディアは松野長官、小川文相の発言を取り上げて「妄言」として激しく批判し、韓国世論はますます激高して、ついには外交問題へと発展していったのです。韓国は教科

韓国の忠清南道にある独立記念館（著者撮）

書の記述内容にではなく、教科書問題での文部省や閣僚の発言を批判して、中国の尻馬に乗る形で日本に対して抗議を行なったのです。

鈴木善幸内閣の宮澤喜一《きいち》官房長官は、「侵略」から「進出」に書き換えた事実が存在しないにもかかわらず、教科書検定のあり方を改めることを中国・韓国に約束しました。こうして設けられたのが教科書検定基準の「近隣のアジア諸国との間の近現代の歴史的事象の扱いに国際理解と国際協調の見地から必要な配慮がされていること」という規定、いわゆる「近隣諸国条項」だったのです。

この規定によって歴史教科書の記述に関して中国については「南京事件」、韓国については「日本語使用」「創氏改名」「強制連行」などについて、検定意見をつけないことになったのです。つまり「日本語使用の強制（ハングル弾圧）」、「創氏改名の強制」、「朝鮮人強制連行」などの虚偽捏造の歴史が事実として学校で教えられることになり、多くの日本人が贖罪《しょくざい》意識を植えつけられていったのです。

教科書問題をきっかけに生まれた「近隣諸国条項」ですが、その近隣諸国である中国・

韓国にはこのような規定はなく、日本だけが一方的に中国や韓国の歴史観に迎合するように定められています。韓国はこのときから「正しい歴史認識」と称する虚偽捏造の歴史を、日本人に強制することを当然の権利と考えるようになったのです。

またこの教科書問題をきっかけに、韓国では国民からの募金によって独立記念館が建設されることとなり、一九八七年に開館しました。この施設では「日本が犯した残虐行為」が再現展示されており、中でも蠟《ろう》人形による拷問シーンはショッキングなものです。もちろんいうまでもなくここに展示されているものは捏造されたものです。しかし修学旅行などで子供たちが韓国全土から見学に来て、ここに展示されたものを事実として受け取るわけです。

第三次中曽根康弘内閣で文部大臣に就任した藤尾正行は、『文藝春秋』一九八六年一〇月号での対談で「韓国併合は合意の上に形成されたもので、日本だけでなく韓

独立記念館の日帝侵略館に展示された蝋人形による拷問シーン（著者撮）

同じく蝋人形による拷問シーン（著者撮）

国側にも責任がある」と発言しました。この発言に対して『朝日新聞』などが大バッシングを行ない、それを受けて韓国世論も強く反発し、日韓間の外交問題に発展していきました。韓国の抗議に屈した中曽根総理は藤尾文部大臣をなんと罷免《ひめん》してしまったのです。

さらに中曽根総理は、来日した韓国の崔侊洙《チェグァンス》外交部長官に対し「藤尾前文部大臣に不始末があって申し訳ない。お詫び申し上げる」と謝罪したのです。

この藤尾文部大臣罷免事件と同じ九月に中曽根は講演会で「アメリカには黒人などがいて知的水準が低い」という趣旨の発言をしています。藤尾文相の歴史に関する発言よりも中曽根の露骨な人種差別発言の方が問題ではないかと思うのですが、アメリカの黒人団体などが非難するまで日本のメディアは積極的に報じませんでした。中曽根は人種差別の意図はなかったと釈明して謝罪しましたが、もちろん辞任はしていません。

当時の日本の世論は、藤尾大臣の罷免や総理の韓国への謝罪を肯定する雰囲気の方がむしろ優勢であり、歴史的事実を述べただけで大臣がクビになるという今では考えられない異常事態がまかり通っていたのです。

■全ては政治の怠慢？　間違いだらけの慰安婦問題

一九九二年一月一六日、宮澤喜一総理の韓国訪問が実施されました。前年八月に「強制連行」されたという元慰安婦が名乗り出ており、訪韓五日前の一月一一日に『朝日新聞』は「慰安所　軍関与示す資料」という見出しの記事を一面トップに掲載して、「日本軍が慰安所の設置や、従軍慰安婦の募集を監督、統制していたことを示す通達類や陣中日誌が、防衛庁の防衛研究所図書館に所蔵されていることが明らかになった」、「主として朝鮮人女性を挺身《ていしん》隊の名で強制連行した。その人数は八万人とも二〇万人ともいわれる」と報じていました。市民団体による抗議活動や反日デモに迎えられて、まさに最悪の状況下で日韓首脳会談が行なわれたのでした。宮澤総理は盧泰愚《ノテウ》大統領に「最近いわゆる従軍慰安婦の問題が取り上げられていますが、私はこのようなことは実に心の痛むことであり、誠に申し訳なく思っております」と述べて何度も謝罪を繰り返しました。しかしこの程度の謝罪では韓国政府は納得せず、激高する韓国内の世論も収まらなかったため、宮澤総理は慰安婦問題について徹底調査することを約束して帰国しました。

そして半年後の一九九二年七月に加藤紘一《こういち》官房長官によって調査結果が発表されました。いわゆる「加藤談話」（正式には「朝鮮半島出身者のいわゆる従軍慰安婦問題に関する加藤内閣官房長官発表」）と呼ばれるものです。

（前略）慰安所の設置、慰安婦の募集に当たる者の取締り、慰安施設の築造・増強、慰安所の経営・監督、慰安所・慰安婦の衛生管理、慰安所関係者への身分証明書等の発給等につき、政府の関与があったことが認められたということである。

（中略）

いわゆる従軍慰安婦として筆舌に尽くし難い辛苦をなめられた全ての方々に対し、改めて衷心よりお詫びと反省の気持ちを申し上げたい。

（「朝鮮半島出身者のいわゆる従軍慰安婦問題に関する加藤内閣官房長官発表」より一部引用）

「加藤談話」は慰安所の管理・運営に関して政府の関与があったことを認めるものでした。

もしかすると「慰安所は民間業者の経営だから日本軍は一切関与していない」などと誤解

している人もいるかもしれませんが、慰安所への軍の関与はもちろんありました。慰安所を設置するためには軍の許可を得る必要があったのです。その他慰安所の監督、衛生管理などにも軍は関与していました。

軍が慰安所の設置を認め、兵士に慰安所の利用を推奨したのは、強姦と性病を防止するためでした。特に軍は兵士たちの間に性病が蔓延して戦力が低下することを恐れていたので、軍医を派遣するなどして慰安婦の健康管理（性病検査・治療）については積極的に関与していたのです。

そもそも危険な戦地において軍の関与なしに商売ができるはずがなく、戦地では慰安所だけでなく飲食店、売店、床屋、すべてに軍が関与していたのです。忘れてならないのは、当時は売春業を営むことが違法ではなく、日本各地で合法的に売春施設が営業していたことです。日本国内で警察や保健所がやっていた売春業者の監督を、戦地では軍が代わりにやっていただけのことなのです。

しかし韓国政府はこの「加藤談話」にも納得せず、慰安婦募集に関して強制性があったことを認めるように要求してきたのです。

一九九二年一二月に宮澤改造内閣が発足し、河野《こうの》洋平が官房長官に就任しました。「加藤談話」に代わる新談話の作成は河野洋平の主導で行なわれることになったのです。

日本は各省庁・国会図書館・米国国立公文書館などで再調査を行ない、関連資料を精査したのですが、どうしても「強制連行」の証拠は見つからず、新談話の作成は暗礁《あんしょう》に乗り上げていました。そこで韓国は元慰安婦一六人への聞き取り調査を行なうことを要請しました。「強制連行」があったことを示す公文書などの物的証拠が発見されなかったため、元慰安婦の証言を「強制連行」の証拠として採用させようとしたわけです。一九九三年七月に韓国で行われたこの聞き取り調査の報告書は非公開となっていましたが、『産経新聞』が独自に入手したとして記事にしています。

証言の事実関係はあいまいで別の機会での発言との食い違いも目立つほか、氏名や生年すら不正確な例もあり、歴史資料としては通用しない内容だった。

（二〇一三年一〇月一六日付『産経新聞』）

さらに個々の証言を裏付ける調査も一切行なっていないことが明らかとなっています。

一九九三年八月、「慰安婦関係調査結果発表に関する河野内閣官房長官談話」いわゆる

「河野談話」が発表されました。

慰安婦の募集については、軍の要請を受けた業者が主としてこれに当たったが、その場合も、甘言、強圧による等、本人たちの意思に反して集められた事例が数多くあり、更に、官憲等が直接これに加担したこともあったことが明らかになった。
（「慰安婦関係調査結果発表に関する河野内閣官房長官談話」より一部引用）

「官憲等が直接これに加担したこともあった」とあるように、普通に読めば軍による「強制連行」を認めたものになっています。

しかし、談話発表後の記者会見で河野は「官憲等が直接これに加担したこともあったこと」とは「白馬《しろうま》事件」のことだと説明しており、朝鮮人女性を強制連行したという意味ではないと述べているのです。

この白馬事件とは、一九四四年二月に日本軍の占領下にあったインドネシアで発生した日本軍人によるオランダ人女性への誘拐・監禁・強姦事件のことで、韓国とは何の関係もない事件です。

河野談話の作成にあたって韓国は「軍による強制」があったことを盛り込むように強く要求していました。しかし、朝鮮半島でそのようなケースはどれだけ探しても見つからなかったため、河野洋平は調査対象の範囲を朝鮮だけでなく全世界に広げることで、この問題を解決しようとしたのです。そしてインドネシアで日本軍人がオランダ人女性を強制連行して強姦したという事件を見つけ出してきたのです。

当然ながら韓国は河野談話によって「日本軍による朝鮮人女性の強制連行」を日本政府が認めたものと解釈しました。談話には「白馬事件」についてまったく書かれていないので、韓国だけでなく世界中が「日本政府は慰安婦の強制連行を認めた」と受け取ったのです。つまり「官憲等が直接これに加担したこともあったこと」とは「白馬事件」のことだという説明は、何の証拠もないまま強制連行を認めたことを追求された場合に言い逃れをするための、日本国内向けの詭弁に過ぎなかったのです。

似たような話が日韓基本条約の交渉のときにもありました。先に述べたとおり、日韓基本条約の締結に際し、かつて締結された日韓併合条約をどう扱うかについて問題になりました。韓国側は「日韓併合条約は無効である」と主張したのに対し、日本側は「日韓併合条約は有効」という立場でした。それで「もはや無効であることが確認される」という玉虫色の表現を用いて、韓国側は「日韓併合条約は（当時から）無効であることが確認される」と解釈し、日本側は「日韓併合条約は（現時点から）無効になることが確認される」と解釈したのです。

こんな詐欺まがいのことをしてまで、なぜ韓国の要求に従う必要があったのでしょうか？

二〇〇七年三月一日付『産経新聞』によると、河野談話の作成にあたって日韓両政府の間に「密約」があったそうです。

河野談話作成にかかわった石原信雄元官房副長官によると、当時、韓国側は談話に慰安婦募集の強制性を盛り込むよう執拗《しつよう》に働きかける一方、「慰安婦の名誉の問題であり、個人補償は要求しない」と非公式に打診していた。日本側は「強制性を認めれば、韓国側も矛を収めるのではないか」との期待感を抱き、強制性を認めることを談話の発表前に韓国側に伝えたという。

（二〇〇七年三月一日付『産経新聞』より一部引用）

韓国政府が「強制性を認めれば政治決着する」といってきたので、それを信じて出したのが河野談話だったのです。日本政府はこれで慰安婦問題は終わると考えたのでしょうが、もちろん韓国がそのような約束を守るわけがありません。「強制連行があった」と他でもない日本政府自身が認めてしまったのですから、これ以上のお墨付きはないわけで、河野談話で決着するどころか、河野談話は韓国が国際社会で「強制連行」「性奴隷」を宣伝するための強力な武器となってしまったのです。

一九九六年に国連人権委員会が出した「クマラスワミ報告書」では、慰安婦を強制連行された性奴隷と認定しています。この報告書の作成にあたっては吉田清治証言（第五章参照）と河野談話が大きな影響を与えたとされています。

二〇〇七年に米国で下院決議一二一号、いわゆる「従軍慰安婦問題の対日謝罪要求決議」が可決されました。さらに反日団体が米国各地で慰安婦像を設置していますが、これらを仕掛ける際にも河野談話が活用されたことは間違いないでしょう。

■日韓ワールドカップで日本人が気づいた韓国のおかしさ

二〇一五年四月三日に行なわれたJ1鹿島―鳥栖戦にて、鹿島MF金崎夢生《かなざきむう》が鳥栖のDFキム・ミンヒョクと競り合って倒され、故意に顔を踏みつけられた事件が起こりました。この件について五日、なでしこジャパンのエースストライカーで、ドイツのボルフスブルクでプレーするFW大儀見優季《おおぎみゆうき》はツイッターにて「この選手の行為は社会的立場を考えても、人としてもサッカー選手としても許されるべき行為でないことは確かだと思います」とツイートしました。

韓国を嫌う日本人は激増しましたが、そのきっかけがサッカーである人は少なくありません。

二〇〇二年に史上初のアジア開催となる「第一七回FIFAワールドカップ」が日本と韓国の共催で開催されました。日韓W杯は日本の「嫌韓史」について語る上で重要な位置を占める記念碑的な事件です。これをきっかけに一部の日本人の間で嫌韓感情が爆発的に広がっていったのです。

最近は雑誌や夕刊紙などでは韓国を批判する嫌韓記事が頻繁に掲載されるようになり、多くの書店には嫌韓コーナーが設けられて嫌韓本が平積みとなっています。インターネットでは嫌韓系まとめサイトが乱立し、嫌韓ネタは一大定番コンテンツとなっています。しかし日韓W杯が開催される頃までは韓国に興味を持つ日本人は少数派であり、インターネットでも韓国ネタは非常にマイナーな存在で、一部の好事家《こうずか》たちが「2ちゃんねる」のハングル板などで細々と議論を楽しんでいるという状況だったのです。

いわゆる「韓流《ハンりゅう》ブーム」の元祖とされる韓国ドラマ『冬のソナタ』がNHK（BS2）で初めて放映されたのは二〇〇三年のことであり、それ以前は大半の日本人にとって韓国という国は興味の対象外で、一番にイメージするのはキムチという国でした。しかし日韓W杯をきっかけに韓国に興味を持つ日本人が増えたことで、必然的に韓国を嫌う日本人が増えていったのです。

試合場での韓国サポーターの応援方法は、相手国や選手を挑発したり侮辱したりするものが目立ちました。決勝トーナメント一回戦で韓国サポーターはイタリア選手に対して、「ようこそアズーリの墓へ」と書かれた横断幕で挑発しています。アズーリとはイタリア代表の愛称のことです。

しかしこれはまだマシなほうで、二回戦でドイツ選手に対してはナチスのハーケンクロイツが描かれた横断幕、「ヒトラーの息子たちは去れ！」というプラカード、「謹んで敗者の冥福を祈ります」と書かれたドイツ選手の遺影などを掲げるという、ホスト国とは思えない暴挙、あまりに低い民度に世界中が唖然《あぜん》とさせられたのです。

韓国サポーターたちによるこのような醜い応援（？）に対して世界中から批判が殺到しました。そして日本も他国同様に被害を受けています。

韓国は、開会式にて小泉首相（当時）の挨拶の際にブーイングを行なったり、日本国旗の赤丸をわざと大きく描いて生理ナプキン扱いしたりして、民度の低さを見せつけてくれました。

ちなみに二〇一一年九月に韓国で行なわれたアジアチャンピオンズリーグの日韓戦でも韓国サポーターが「日本の大地震をお祝いします」と東日本大震災の被災者を挑発する横断幕を掲げています。誰も止めさせようとしないのでしょうか？　韓国人の民度はまるで成長していないことが明らかとなっています。

さらに日韓W杯グループリーグ第一戦の対戦相手であったポーランド選手に対しては、試合当日の午前三時頃に宿泊ホテル前で大勢の韓国サポーターが大騒ぎして、選手の睡眠を妨害するという前代未聞の呆れた工作を行なっています。

韓国サポーターだけでなく韓国代表選手もまた、民度の低さを見せつけるかのような暴挙を行なっています。グループリーグ第二戦のアメリカ―韓国戦でゴールを決めた安貞《アンジョン》桓《ファン》は、ゴールパフォーマンスとして「スケートパフォーマンス」を披露しました。

これは二〇〇二年二月にアメリカで開催されたソルトレークシティ・オリンピックでのショートトラック男子一五〇〇メートルで、一着でゴールした韓国の金東聖《キムドンソン》が進路妨害により失格となり、二着だった日系アメリカ人のアポロ・アントン・オーノが金メダルを獲得したことへの抗議パフォーマンスでした。

当時、韓国からの抗議メールが国際オリンピック委員会に殺到し、さらにオーノ本人を脅迫する内容のメールも多数あったことから、米国連邦捜査局（ＦＢＩ）が捜査に乗り出すという騒ぎになっています。オーノへの脅迫や嫌がらせはなんと一〇年近くも続いたそうです。

Ｗ杯サッカーの試合で五輪スケートの「誤審」に抗議するという意味不明の行為でしたが、韓国国民はこのパフォーマンスに大喜びして「よくやった」と大喝采したのです。余談ですが、二〇一二年五月、金東聖は指導していた選手たちに暴力を振るったとして、米スピードスケート連盟によって米国内でのコーチ資格を剝奪されています。

二〇〇二年八月一三日付『中央日報』によると、李天秀《イチョンス》は同月一二日にラジオ番組に出演した際、日韓Ｗ杯決勝トーナメントのイタリア戦で相手チームのマルディーニの頭を足で蹴ったことについて、「チームが負けている状況であり、チームを逆転させるために行なった」と述べています。なんと試合に勝つために故意に蹴ったと自慢気に語っているのです。このような韓国サポーターや韓国選手たちの異常性、異常行動を目の当たりにして、一部の日本人の間では韓国への嫌悪感が広がっていったのです。

サッカーは紳士のスポーツとして生まれており、フェアプレーの精神というものを大事にしているスポーツです。私も『キャプテン翼』に感化されて（笑）、学生時代サッカー部に所属していましたので、韓国を嫌うサッカーファンの気持ちは痛いほど理解できます。

二〇〇四年にＦＩＦＡが「世紀の一〇大誤審」を選定していますが、その中に日韓Ｗ杯の韓国戦からなんと四つ（対イタリア戦と対スペイン戦の試合から二つずつ）も選ばれています。そもそも当時から、世界の国々、特に欧州のサッカーファンの間では、日韓Ｗ杯の韓国の試合で「疑惑の誤審」が多発したと認識されていました。当時、審判の買収疑惑が持ち上がるほど一方的に韓国チームに有利な「誤審」が続いており、国際問題にまで発展しようとしていたのです。それを受けてＦＩＦＡは、慣例を破って準決勝のドイツ―韓国戦ではスイス人の審判を起用したのです。

これまでの慣例であれば、欧州のドイツとアジアの韓国との試合の審判は、欧州とアジア以外の南米やアフリカなどから選ばれるのが常でした。しかし韓国に有利な「誤審」をした疑いがあるのがエクアドルやエジプトといった貧しい国の出身の審判だったため、買収するのが難しいと思われる先進国スイスの審判が急きょ起用されることになったのです。

初戦の韓国―イタリア戦の後、ＦＩＦＡには世界中から四〇万を超える抗議メールが殺到しました。イタリアサッカー協会は正式に抗議を行ない、世界各国のメディアからは一斉に韓国への批判が噴出しました。イタリアに続いてスペインまでも「疑惑の誤審」で韓国に敗れるに至って、このままでは韓国が審判の「誤審」によってＷ杯で優勝してしまうのではないかとまで懸念されました。

しかし日本のマスコミは「報道しない自由」を行使し、ひたすら「日韓友好」ムードを演出するだけで、世界中が韓国を批判して疑惑と軽蔑の目で見ていることを（特にテレビは）ほとんど伝えようとしなかったのです。

韓国―イタリア戦あたりからは日本のマスコミ、特にテレビの異常さが際立つようになりました。まるで報道管制でも敷かれているかのように、韓国サポーターのマナーの悪さ、韓国選手のラフプレー、そして「疑惑の誤審」についてほとんど報じられることがなくなり、ひたすら「日韓友好」「韓国を応援しよう」「アジアの誇り韓国」というスローガンが連呼されていたのです。

当時はまだSNSが存在しておらず、インターネットでは主に「2ちゃんねる」などで「マスコミのW杯、韓国報道はおかしい」という認識が共有されていきました。日韓W杯を通じて、少なくない数の日本人が「韓国人の異常性」と「日本マスコミの偏向報道」に気づくことになり、W杯開幕前にはインターネット上でも少数派だった「嫌韓」が、W杯が終わる頃にはかつてとは比較にならないくらい大きな勢力となっていたのです。

今でこそ嫌韓の人に「ネトウヨ（ネット右翼）」とレッテルを貼る場面をよく見かけますが、W杯から嫌韓になった日本人の大部分は、当然、右翼思想など持っていませんでした。もちろん当時は「ネトウヨ」という言葉はありませんでしたし、それどころか「嫌韓厨《けんかんちゅう》」という言葉すらない時代です。

二〇〇二年から嫌韓に参入した多くの人は、あくまでもサッカーファンやマスコミに疑問を持つネットユーザーであって、保守・右翼思想を持たないどころか、日韓や在日に関する歴史問題すらも知らない人が多数だったように思います。そんななか、「2ちゃんねる」のハングル板では韓国問題に関して異様に詳しい専門家顔負けの固定ハンドル（コテハン）が集まっており、質の高い論争が行なわれていました。

この時代は、インターネット上の嫌韓リテラシーは高かったのです。日韓W杯をきっかけとして嫌韓にサッカーファンなどの新規の人たちが流入してきましたが、この板で学んだ人もそれなりにいたと思われます。

二〇〇三年にNHK（BS2）で韓国ドラマ『冬のソナタ』が初めて放送され、二〇〇四年にはNHK総合（地上波）でも放送されて大きな話題となり、いわゆる「韓流ブーム」が始まったとされています。『冬のソナタ』主演俳優のペ・ヨンジュンを各マスコミが一斉に「ヨン様」と呼ぶようになり、中高年女性の間で「ヨン様ブーム」が巻き起こったのです。ブームとなった『冬のソナタ』の二匹目のドジョウを狙って二〇〇四年から『土曜ワイド・韓流アワー』（フジテレビ）、『ドラマチック韓流』（日本テレビ）などの放送が始まりました。

さらに日本のマスコミは「ヨン様」に続く韓流スターを生み出すために多くの韓国人男性俳優を来日させ、ペ・ヨンジュンに加えてチャン・ドンゴン、イ・ビョンホン、ウォンビンを「韓流四天王」などと称して売り出そうとしました。

■「韓流ブーム」の最中、売れてないことにされた『マンガ嫌韓流』

「韓流ブーム」の最中の二〇〇五年七月に拙著『マンガ嫌韓流』（晋遊舎）が発売されました。まだまだ韓国批判がタブーだった中での出版ということもあって、話題となりました。しかし「嫌韓」をタイトルに入れた出版物は『マンガ嫌韓流』が初めてではありません。

『ソウル打令《タリョン》　反日と嫌韓の谷間で』（一九九三年　徳間書店　平井久志著）

『醜い日本人　「嫌韓」対「反日」をこえて』（一九九四年　三一新書　金容雲《キムヨンウン》著）

『日本人と韓国人　反日嫌韓50年の果て』（一九九五年　小学館　SAPIO編集部著）

などがあるようです。ただしどれもマイナーな存在といわざるを得なく、「嫌韓」はニッチなジャンルだったのです。しかし多くの人が韓国に対して嫌悪感を感じていたことは間違いありません。拙著『マンガ嫌

『マンガ嫌韓流』（晋遊舎）

韓流』のヒットは、そのことを証明したのです。

この二〇〇五年頃は、韓国を批判すること自体がまだまだタブーだったので、拙著『マンガ嫌韓流』の内容は現在の嫌韓本と比べて、かなり穏健的なスタンスで描かれているといっていいでしょう。現在から見れば穏健的な内容ですら、当時は過激とされていたのですから、〇〇年代はいかに韓国に融和的で、韓国批判が許されない空気に支配されていたのかが、理解できることと思います。


同書はインターネット書籍販売最大手のアマゾンにてランキング第一位となりました。しかし、『朝日新聞』が紹介するアマゾンランキングからは、五位の『マンガ中国入門』とともに排除されたのです。

おそらく中国および韓国を批判する内容の本がベストセラーに食い込んでいるという事実を、読者に隠したかったのではないでしょうか。このようなことをするから、『朝日新聞』の信頼は地に落ちてしまうわけです。

マスコミは日韓W杯のときに、韓国サポーターのマナーの悪さ、韓国選手のラフプレー、そして「疑惑の誤審」について触れようとしませんでした。そして韓流ブームのときは

『産経新聞』発表の アマゾンランキング(7/25〜31)	『朝日新聞』発表の アマゾンランキング(7/25〜31)
1.マンガ嫌韓流	なし
2.ラヴァーズ・ガイド	1.ラヴァーズ・ガイド
3.アラシゴト	2.アラシゴト
4.細野真宏の世界一わかりやすい株の本	3.細野真宏の世界一わかりやすい株の本
5.マンガ中国入門	なし
6.人生の旋律	4.人生の旋律
7.さおだけ屋はなぜ潰れないのか?	5.さおだけ屋はなぜ潰れないのか?
8.民間防衛	6.民間防衛
9.頭脳の果て	7.頭脳の果て
10.なぜか日本人が知らなかった新しい株の本	8.なぜか日本人が知らなかった新しい株の本

『朝日新聞』が虚偽のランキングを掲載して、一位と五位の本を排除しました。このようなマスコミのやり口に対して、インターネット上で反マスコミの世論が盛り上がっていったのです。

拙著『マンガ嫌韓流』は、「嫌韓」だけでなく「反マスコミ」という、大きな二つのテーマで描かれています。マンガの内容を証明するような行為を、批判対象であるマスコミ(『朝日新聞』)が実際にやってしまうという冗談のような事態になり、「嫌韓」が盛り上がっていきました。さらにこのネット上での嫌韓ムーブメントは、ネットの外にまで広がっていったのです。

■大手マスコミのゴリ押し韓流ブームに嫌気がさした視聴者

韓流の話題に戻りますが、韓国の音楽市場は日本の三〇分の一程度の規模しかなく、また違法コピーや違法アップロードが蔓延しているため、国内市場だけではビジネスとして成立しにくいという現実があります。

韓国のSMエンターテインメントは日本のエイベックスと業務提携し、BoAや東方神起などに日本語でK-POPを歌わせて日本市場で売り出すというビジネスモデルを成功させました。この成功を契機に韓国の有名・無名のK-POP歌手が大挙して日本に進出するようになったのです。

この頃から韓流スターが来日する際に空港に多数のファン（サクラ）を動員して日本でも人気があるかのように演出する手口がよく見られるようになったり、インターネット上では批判・嘲笑の対象になっていました。

特にテレビで韓国や韓流スターが不自然なまでに過剰にもてはやされていたため、多くの視聴者が違和感を持つようになり、「韓流ゴリ押し」と批判する動きがインターネット上に現れてきたのです。

特にフジテレビは、『サザエさん』のカツオの部屋に東方神起のポスターが貼られていたり、『めざましテレビ』では七夕の日の放送で「少女時代のように足が綺麗になりますように」「KARAのライブに行けますように」などと書かれた短冊を映したり、『笑っていいとも』で紹介された「鍋の人気ランキング」で全年齢層の女性に一番人気があるのはキムチ鍋だと発表するなど、あるいは「ステルスマーケティング」を思わせるような行為を繰り返していたことで、一部の視聴者から「韓流ステマ」と呼ばれて批判されていました。

中でも大きな非難を浴びたのは、二〇一一年七月からフジテレビで放送された連続ドラマ『花ざかりの君たちへ～イケメン☆パラダイス～２０１１』の第五回、八月七日放送回で登場した「原爆Tシャツ」の問題です。主演の前田敦子が劇中で着ていたTシャツに、広島型原爆のコードネームである「LITTLE BOY」の文字が書かれていたのです。ドラマの放送日が原爆投下（八月六日）の翌日にあたるという「偶然」も重なり、放送直後からインターネットでは大騒ぎとなってフジテレビに抗議が殺到しました。八月一〇日には広島県がフジテレビに対し、正式に配慮を要求する申し入れを行なっています。

フジテレビデモ（2011年8月21日）

余談ですが、フジテレビは「原爆Tシャツ」以前にも似たようなことをやっています。二〇〇八年七月からフジテレビで放映されたドラマ『シバトラ〜童顔刑事・柴田竹虎〜』で、お笑い芸人の塚地武雅《むが》が着ていた黄色いTシャツに、タイ語と英語で「国王陛下万歳」と書かれていたのです。

タイでは二〇〇六年にクーデターが起こって、当時首相だったタクシン・チナワットが亡命を余儀なくされています。クーデターを主導した反タクシン派は王室護持を掲げており、タクシン派は反王室的な思想を持っていたといわれています。そして黄色は反タクシン派のシンボルカラーでもあるのです。

しかしフジテレビが反タクシン派のステマをやっていたとは思えないので、もしかするとフジテレビで仕事をしているスタイリストの中にメッセージ性のあるTシャツを好む人がいて、公共の電波で悪ふざけをしているのかもしれません。

さらに余談ですが、知り合いの編集者が外務省関係者から聞いた話を紹介します。外務省関係者と酒を飲みながら嫌韓話で盛り上がっていたときに、「某テレビ局の幹部が韓国で性接待を受けている」と聞かされたそうです。そのテレビ局幹部は二〇〇〇年に韓国を訪れた際、S社の所有する建物にある性接待用の「迎賓館」に招かれ、オリコンで一位になったことがある人気K－POPグループのメンバーから性接待を受けたというのです。当時、外務省は韓流についてまったく無関心だったわけではなく、それなりに情報を集めていたそうです。

それはともかく、フジテレビが本当に「韓流ステマ」をしていたのか私には分かりませんし、「韓流ゴリ押し」があったと断定する根拠も持ちあわせていません。もちろん普通に考えれば、マスコミの「韓流ゴリ押し」の動機は、番組制作費の削減や単純に韓流で金儲けしようという経済的な理由にあったと見るべきでしょう。

しかしマスコミが不自然なまでに韓流を頻繁に取り上げ、韓国人を過度に持ち上げて、「韓国を好きであること」を日本人に強要しているかのように感じて不快感を抱いていた視聴者が多かったことは事実なのです。多くの視聴者は感覚的に「韓流は気持ち悪い」「何か裏があるのではないか」と感じました。そしてインターネットなどによって「国家ブランド委員会」の存在が徐々に知られるようになったのです。

国家ブランド委員会とは韓国大統領直属の諮問機関で、国策としてドラマや映画、K－

POPなど韓流コンテンツの輸出を推進するために二〇〇九年に設置されました。国家ブランド委員会の出す方針の下で文化体育観光部（日本の文化庁、観光庁に相当）や、その下部組織である韓国コンテンツ振興院が韓流の育成と輸出振興を担っているのです。二〇一二年九月二七日付『聯合ニュース』によると、文化体育観光部は二〇一三年度の韓流振興予算として三一九〇億ウォン（当時のレートで二一八億円相当）を確保しています。さらに韓国の目的は韓流コンテンツの輸出振興だけではありません。その最大の目的は韓国という国家の「地位」「イメージ」「国格」の向上にあるとされているのです。

だから韓流コンテンツの輸出で大きな利益が上がらなかったとしても、それほど問題ではなく、韓国の国家イメージが向上して家電などの韓国製品の輸出が増えれば良いという考えなのでしょう。

たとえば東南アジアではＹｏｕＴｕｂｅや違法コピーが主な視聴形態であるため、韓流コンテンツ輸出では大した利益は出ていませんが、実際には韓流はそれなりの人気を集めることに成功しており、韓流人気の影響で家電などの韓国製品がシェアを拡大しているといわれています。

日本市場ではスマートフォンなど一部の製品を除いてサムスンの存在感は薄いですが、

東南アジアでは逆にサムスンがソニーやパナソニックなどを圧倒しているのが現実なのです。

こういった韓流の政治的な背景がテレビなどではほとんど伝えられることがなかったので、インターネットなどで国家ブランド委員会など韓流の裏側について知ってしまった人たちの間で、マスコミへの不信感が高まっていったのは、これはもう仕方がなかったのではないかと思います。

二〇一一年八月にはフジテレビの番組編成が「韓流偏重」「韓流ゴリ押し」であるとして、五〇〇〇人規模の抗議デモが起こっています。きっかけは二〇一一年七月二三日、俳優の高岡蒼甫《そうすけ》のツイッターでのつぶやきでした。

「正直、お世話になったことも多々あるけど8は今マジで見ない。韓国のTV局かと思う事もしばしば。（中略）うちら日本人は日本の伝統番組を求めてますけど。取り合えず韓国ネタ出てきたら消してます。ぐっばい」

「ここはどこの国だよって感じ。気持ち悪い！ごめんね、好きなら。洗脳気持ち悪い！」

芸能人に疎い私ですら知っているくらいの著名な俳優がつぶやいたことで、フジテレビの偏向報道についての話題が盛り上がり、同局に対して批判的な人が結束していき、抗議デモが起こったのです。しかし私は、正直なところあの抗議デモに対して全面的な賛同はできません。抗議デモの目的は、フジテレビの襟を正すことにあったと思います。であるならばその主張に、日の丸や君が代は必要なかったと思います。ましてフジテレビが掲げている日本国旗を引きずり下ろして、デモ参加者同士で放り投げてパスしているという品性の欠片もない姿を見たときは、非常にやりきれない思いを抱えました。

■天皇陛下に対する侮辱発言、日本人の怒りは頂点に！

繰り返しになりますが、翌二〇一二年、李明博大統領（当時）が竹島に上陸し、その数日後に天皇陛下に対して暴言を吐きました。天皇のことを日王とし、「（日王が）痛恨の念などというよくわからない単語ひとつをいいに来るのなら、訪韓の必要はない。韓国に来たいのであれば、独立運動家を回って跪いて謝るべきだ」などと、他国（日本）の象徴である天皇陛下に対して、失礼極まりない発言をしたのです。

多くの日本人にとって韓国は「どうでもいい国」または「韓流コンテンツの国」という程度の認識だったのではないでしょうか。好きも嫌いもありません。しかし、李明博大統領によるオウンゴールによって、多くの日本人がようやく韓国の実態に気づき始め、現在に続く嫌韓ムーブメントが動き始めたのです。

それと反比例するように「韓流ブーム」は完全に終止符を打たれました。K－POPの売上は激減し、韓流ドラマ枠も消滅、新大久保の韓流ショップは倒産が相次ぎ、二〇一三年の日本人の韓国への旅行者数は二七四万七七五〇人となり、前年の三五一万八七九二人と比べて約二〇％の減少となったのです。

私は韓流ブームというものが韓国にとってこれからも不利益をもたらす可能性があるのではないかと考えています。これまで多くの日本人にとって韓国人は「可哀想な弱者」「植民地支配の被害者」という認識だったと思います。だから日本は韓国に様々な援助や譲歩を繰り返してきたのです。韓国が経済発展してそれなりに豊かな国になっても、日本人のこの認識はなかなか変わらず、だから韓国人も「弱者」「被害者」のふりをして日本人の良心につけ込んできたのです。

子供が犯罪を犯しても刑法で裁かれないように、韓国という国や韓国人には「責任能力がない」と日本では見なされてきたように思えます。だから韓国人の馬鹿げた主張や反日思想が大目に見られて見逃されてきたのではないでしょうか？

そういった、どこか後ろめたいような気持ちを、多くの日本人は韓国人に対して持っていたような気がします。

しかし、韓流によって「韓国はスゴイ国」「韓国人はカッコイイ」というイメージをばらまいたことで、「弱者」「被害者」というこれまでのイメージが薄まってきたように思います。

金正日が北朝鮮による日本人拉致を認めたとき、一部の在日朝鮮人は「我々在日の被害者性が弱まってしまう」と嘆いていましたが、韓国は「可哀想な弱者」という特権的な地位を自ら放棄して、責任能力のある立派な大人であると自己申告してしまったわけです。「可哀想な弱者」でなくなった韓国に対して、もはや日本が特別な配慮をしてあげる必要など何もないのです。

今の若い世代にとって韓国は「Ｋ‐ＰＯＰ」「サムスン」そして「反日国家」というイメージしかなく、「弱者」「被害者」といったイメージは希薄ではないかと思います。今後日本は少しずつ「韓国に優しくない国」になっていくのではないでしょうか？

二〇一二年の李明博大統領による天皇侮辱発言以前は、マスコミは「嫌韓」に対して批判的なスタンスを取ってきました。しかしこの事件を境に、韓国についての扱いが変わり、大々的に韓国批判を行ないはじめたのです。一〇年前の親韓の空気と比べると、隔世の感があります。かつては嫌韓ムーブメントはごく一部に過ぎなかったのですが、現在は一億総嫌韓といっても差し支えないくらいの国民的規模のムーブメントとなっているのですから。

慰安婦問題に関する安倍首相発言に反発する韓国　写真：Lee Jae-Won／アフロ

第五章

従軍慰安婦と朝日新聞の真実

■日本人によって産み出された「従軍慰安婦」問題

　現在、韓国の反日プロパガンダの「主力兵器」となっている、いわゆる「従軍慰安婦」問題ですが、これを考案したのは韓国人ではありません。従軍慰安婦問題は、実は日本人によって産み出されたものなのです。

　軍人相手の売春婦＝慰安婦が存在していたこと自体は、韓国でも昔から普通に知られていました。その単なる売春婦に過ぎなかった慰安婦を「強制連行」された「性奴隷」に仕立て上げて日本を攻撃するというアイディアは、実は日本人が発明して韓国に提供したものだったのです。

　そもそも「従軍慰安婦」とは戦後に造られた言葉で、当時はただ「慰安婦」とだけ呼ばれていました。「従軍慰安婦」という言葉の初出は、『毎日新聞』の元記者だった千田夏光《せんだかこう》が一九七三年に上梓した『従軍慰安婦　〝声なき女〟八万人の告発』（双葉社）とされていますす。おそらく「従軍」という言葉を加えることで、日本軍の関与を印象付けようとしたのでしょう。

従軍慰安婦問題の発火点になったのは吉田清治の『私の戦争犯罪　朝鮮人強制連行』（三一書房）などでの、「軍の命令によって朝鮮半島で慰安婦狩りを行なった」という嘘の証言でした。吉田清治の証言によって、単なる売春婦だった慰安婦に「強制連行」された「性奴隷」という「物語」が付加されたのです。

この吉田証言は当初はあまり注目されませんでしたが、『朝日新聞』が吉田清治の虚言を「事実」として報道したことで、一般にも広く知られるようになったのです。

一九八二年九月二日付『朝日新聞』に吉田証言を紹介する最初の記事が掲載されました。この記事で吉田は「済州島で一週間に二〇〇人の若い朝鮮人女性を狩り出した」「（朝鮮人女性たちは）船に積み込まれる時には全員がうつろな目をして廃人のようになっていた」と「告白」しています。このような吉田証言を『朝日新聞』は計一六回にわたって記事にしてきたのです。

『私の戦争犯罪ー朝鮮人強制連行』（三一書房）

一九九一年五月二二日付『朝日新聞』でも「木剣ふるい無理やり動員」と告白する吉田清

治の証言を大きく伝え、さらに同年一〇月一〇日付『朝日新聞』では「慰安婦には人妻が多くしがみつく子供をひきはがして連行した」という内容の証言を掲載しています。もし事実であれば許しがたい悪行ですが、これらの証言はすべて嘘だったのです。

秦郁彦《はたいくひこ》元日本大学教授による済州島現地調査（一九九一年）などによって、吉田清治の「慰安婦狩り」証言は虚偽であることが明らかになっています。

『週刊新潮』一九九六年五月二日・九日合併号のインタビューで、吉田清治は「本に真実を書いても何の利益もない」「事実を隠し自分の主張を混ぜて書くなんていうのは新聞だってやる」と語っており、本人も「慰安婦狩り」がフィクションであったと認めています。

このインタビューでは利益のためにやったと述べていますが、吉田清治は終戦直後の一九四七年に下関市議会議員選挙に日本共産党から立候補したことがあるなど、一筋縄ではいかない人物です。「慰安婦狩り」などという間違いなく日韓関係を悪化させるような虚偽の証言を行なった動機は、単なる金目当てではなく思想的な背景があったのではないかともいわれていますが、吉田は多くを語らないまま二〇〇〇年に亡くなっています。

このような人物の証言を『朝日新聞』は慰安婦強制連行の証拠として長年にわたって繰り返し報じ続けたのです。吉田清治が創作した慰安婦強制連行というフィクションが、

『朝日新聞』という日本を代表するメディアによって歴史的事実として報じられたことで、日本の戦争犯罪として世界中に広まっていきました。

■嘘、偽りの吉田証言を世界に広めた『朝日新聞』

前章でも述べましたが、一九九六年に国連人権委員会が出した「クマラスワミ報告書」では、慰安婦を強制連行された性奴隷と認定しています。この報告書は吉田証言を論拠に書かれている部分があり、その作成の動機にも大きな影響を与えたとされています。『朝日新聞』が吉田証言に「お墨付き」を与えなければ報告書に採用されることもなかったはずであり、そもそも報告書の作成自体が行なわれなかったかもしれないのです。

慰安婦問題の発火点は吉田証言ですが、あまりに荒唐無稽《こうとうむけい》な内容だったためか当初はそれほど注目されておらず、小火《ぼや》程度のものでした。その小火を世界中に燃え広がる大火事に仕立て上げたのが『朝日新聞』だったのです。

二〇一四年八月五日、六日付の『朝日新聞』は、従軍慰安婦問題の検証記事を掲載しました。そして吉田証言について「虚偽の証言を見抜けませんでした」「再取材しましたが、証言を裏付ける話は得られませんでした」として、これまでの「強制連行」に関する一連の記事が誤報であることを認めて取り消しました。さらに一九九一年八月一一日の「慰安婦が『女子挺身隊』として連行された」という記事についても誤りを認めました。

しかし九〇年代半ばには吉田証言が虚偽であることも、慰安婦と挺身隊が無関係であることも全部分かっていたはずであり、遅きに失したといわざるを得ません。『朝日新聞』が誤報であることを認めた二〇一四年は、一九八二年に吉田証言の最初の記事が掲載されてから三二年もの月日が経っており、その間に日韓関係はほとんど修復不可能にまでに悪化してしまいました。さらに世界中で日本が「朝鮮人女性を強制連行して慰安婦にした」という事実無根の汚名を着せられるようにまでなってしまったのです。

■『朝日新聞』が誤報を認めた本当の理由

そもそもなぜ『朝日新聞』は何十年も昔の記事について、今になって急に誤報と認めることを決断したのでしょうか？　少なくとも二〇年くらい前にはすでに誤報であることが誰の目にも明らかになっており、『朝日新聞』の「報道犯罪」の代表作として『産経新聞』

や保守論壇などからずっと非難され続けてきました。これまでその非難に耐えてよく頑張ってきたのだから、このまま関係者が死に絶えるまであと数十年くらい頑張って、逃げ切ることはできなかったのでしょうか？

実情は、当時の慰安婦関連記事に関わった記者たちが退職していなくなったことで、ようやく彼らの書いた記事を検証できる環境が整ったからだともいわれています。新聞記者の世界では、誤報で訂正を出すのは最も恥ずべきこととされているそうです。それで記事を書いた本人が社内にいる間は、気まずくて検証記事をやりづらかったのかもしれません。しかし、ならば世界中から「強姦犯罪者の子孫」という濡れ衣を着せられて苦しんでいる私たち日本人は、「気まずい」どころではないのではないでしょうか？

それ以上に『朝日新聞』がこのタイミングで検証記事の掲載に踏み切った背景には、経営面での厳しい環境もあったとされています。『朝日新聞』の慰安婦報道への批判は風化していくどころか、インターネットの普及と共に年々加速していき、インターネット上で抗議活動、不買運動が展開され、部数を大幅に落とし、広告収入にも影響したといわれています。『朝日新聞』の検証記事に「一部の論壇やネット上に朝日の捏造というい われなき批判が起きている。読者への説明責任を果たしたい」とあるように、保守論壇に加えてインターネット上の批判に抗しきれなくなったと告白したのです。国家権力（立法・行政・司法の三権）を監視する「第四権力」とされるマスコミに対して、その「第四権力」をさらに監視する「第五権力」＝インターネットによる国民世論＝国民が勝利した、まさに歴史的な出来事だったのではないでしょうか？

検証記事を出した直後から、『朝日新聞』は袋叩きの状態になりました。同年八月六日付『産経新聞』は「朝日慰安婦報道『強制連行』の根幹崩れた」と題した記事で、「真偽が確認できない証言をこれまで訂正せず、虚偽の事実を独り歩きさせた罪は大きい」と強く非難しています。

また同日の『毎日新聞』によると、自民党の石破茂《いしばしげる》幹事長（当時）は『朝日新聞』の検証記事について「地域の平和と安定、地域の隣国との友好、国民の感情に大きな影響を与えてきたことだから、この（問題の）検証を議会の場でも行うことが必要なのかもしれない」と述べ、さらに「『朝日新聞』関係者の国会招致も検討するのか？」という記者の問いに対し、「そういうこともあり得る」と答えています。

それまで長年にわたって『朝日新聞』の慰安婦報道を批判し続けてきた『週刊文春』や『週刊新潮』をはじめとする雑誌メディアは、各誌特集を組んで一斉に朝日バッシングを展開しました。もちろんインターネットはほとんど『朝日新聞』批判一色という状態で、『朝日新聞』への怒りの声でメディアが埋め尽くされたのです。

ただ、もちろん『朝日新聞』の経営陣は馬鹿ではないので、誤報を認めれば国民的規模の朝日バッシングが巻き起こることくらい当然想定していたはずです。「誤報を認めれば『朝日新聞』の評価は回復し、部数も回復するに違いない」などと経営陣が無邪気に楽観視していたとは到底思えないのです。「このままでは『朝日新聞』は完全に日本国民の敵、真実の敵となって滅びるしかなくなる」という強い危機感から、ある意味では「自爆」的ともいえる道を選択せざるを得なかったのではないでしょうか？

慰安婦問題が日韓間の問題であるうちは、『朝日新聞』はこの問題を創り出した「愉快犯」としてニヤニヤ笑いながら高みの見物をしていたのでしょう。しかし国連や米国に飛び火して、クマラスワミ報告書が作成され、米国下院でいわゆる「慰安婦決議」が採択される頃になると次第に笑えなくなってきて、さらに米国各地で慰安婦像・碑が建てられ、韓国大統領が世界中で「告げ口外交」を展開するに至って、ついに笑いも凍りついたのではないでしょうか？

慰安婦問題というカードを韓国に提供したのは『朝日新聞』ですが、やがて韓国は『朝日新聞』が設定した舞台に留まらず、米国など世界中に問題を拡散させて、ひたすらゲームの掛け金を吊り上げていったのです。『朝日新聞』は際限なく吊り上がっていく掛け金に肝を冷やして、『朝日新聞』にとって致命傷になりかねないこのゲームを降りることを決断した、というのが実際のところではないでしょうか？　日本を敵国と定めてプロパガンダ戦争に邁進する韓国の反日活動に、日本で日本人を相手に商売するしかない『朝日新聞』が付き合い切れるわけがないのです。

■捏造ストーリーも韓国にとってはプロパガンダ戦の大きな武器になる

『朝日新聞』に最後のとどめを刺したのは韓国だったのではないでしょうか？　具体的には米国などに建てられた慰安婦像（碑）ではないかと思います。碑文に刻まれた「強制連行」「性奴隷」「二〇万人」などはすべて『朝日新聞』の報道が元ネタとなって生み出されたものばかりです。

慰安婦問題で不当に貶《おとし》められた日本人の韓国への怒りは、その原因を創り出した『朝日新聞』への怒りに直結してしまうのです。自ら蒔《ま》いた種であり、リベラルの看板を出して商売している建前上、口には出せませんでしたが、『朝日新聞』も内心は「もう勘弁してくれ」と韓国にいいたかったのではないでしょうか?

しかし韓国としても、従軍慰安婦の元ネタである『朝日新聞』に降りられると困ってしまいます。ネタ元である『朝日新聞』が「誤報だった」と認めてしまえば、せっかく振り上げた拳をどこに下ろせばいいのでしょうか? 韓国はすでに世界を舞台に反日プロパガンダ戦争を仕掛けているのです。韓国側もまた、「降りるのは勘弁してくれ」と思ったことでしょう。

一九八二年九月二日付『朝日新聞』に吉田証言を紹介する最初の記事が掲載されましたが、肝心の「強制連行された慰安婦」が一人も出てこなかったので、いまいち盛り上がりに欠けていました。

しかし一九九一年八月一一日付『朝日新聞』に、ついに待望の「強制連行された慰安婦」が現れたという特大スクープが掲載されました。

日中戦争や第二次大戦の際、「女子挺身隊」の名で戦場に連行され、日本軍人相手に売

春行為を強いられた「朝鮮人従軍慰安婦」のうち、一人がソウル市内に生存していることがわかり、「韓国挺身隊問題対策協議会」（尹貞玉《ユンジョンオク》・共同代表、一六団体約三〇万人）が聞き取り作業を始めた。同協議会は一〇日、女性の話を録音したテープを『朝日新聞』記者に公開した。テープの中で女性は「思い出すと今でも身の毛がよだつ」と語っている。体験をひた隠しにしてきた彼女らの重い口が、戦後半世紀近くたって、やっと開き始めた。（中略）女性の話によると、中国東北部で生まれ、一七歳の時、だまされて慰安婦にされた。

（一九九一年八月一一日付『朝日新聞』より一部引用）

「朝鮮人従軍慰安婦」が初めて名乗り出て証言したという記事で、これは韓国のメディアよりも先に報じた『朝日新聞』の独走スクープでした。韓国メディアでも後追いで大きく報じられ、韓国の世論は激高して日韓関係は大混乱に陥ったのです。

この記事にある「女子挺身隊」とは、第二次大戦中に徴兵によって男性労働者が不足したため女性を労働力として動員するにあたり、一九四四年八月の女子挺身勤労令によって組織されたものです。彼女たちは主に軍需工場などに動員されました。

つまり「女子挺身隊」と「慰安婦」は何の関係もなく、この記事では慰安婦が「『女子挺身隊』の名で戦場に連行され」たと書かれていますが、これは完全な誤報だったのです。二〇一四年八月五日付『朝日新聞』の検証記事でも「女子挺身隊は、戦時下で女性を軍需工場などに動員した『女子勤労挺身隊』を指し、慰安婦とはまったく別です」として、誤報だったことを認めています。『朝日新聞』が「慰安婦＝女子挺身隊」と報道した翌年の一九九二年に、韓国の通信社が「国民学校に通う一二歳の朝鮮人少女が挺身隊に動員された」とする記事を配信したことで、韓国では「日本人は小学生を慰安婦にした」と大騒ぎになりました。

女子挺身隊。陸軍銚子飛行場での記念撮影。

この『朝日新聞』の記事に出てくる「朝鮮人従軍慰安婦」は金学順《キムハクスン》という元慰安婦で、彼女は『朝日新聞』の記事が掲載された三日後の八月一四日に記者会見を行なっています。

一九九一年八月一五日付『ハンギョレ新聞』によると、金学順は「母親によって一四歳の時に平壌のキーセン検番

（売春宿）に売られた」「三年後に義父に連れていかれた所が華北の慰安所だった」と証言しています。

また記事では女性が「だまされて慰安婦にされた」とありますが、誰に騙されたのか主語が省かれています。騙したのが「日本軍」と「朝鮮人女衒《ぜげん》」ではまったく意味が違ってきますが、もし日本軍であればはっきり書くはずなので、日本軍ではなかったということなのでしょう。

『朝日新聞』の記事に出てくる「韓国挺身隊問題対策協議会」（挺対協）とは、一九九〇年一一月に結成された慰安婦問題に特化した反日団体です。この挺対協と協力関係にあった「太平洋戦争犠牲者遺族会」（遺族会）という団体があり、一九九一年一二月に金学順を含む元慰安婦三人を原告に立てて、日本政府の賠償を求めて日本で裁判を起こしています。この遺族会の会長であり裁判の原告団長も務めた梁順任《ヤンスンム》という人物が、実はこの記事を書いた『朝日新聞』記者の義母だったのです。

この『朝日新聞』記者とは、現在は朝日新聞社を退職して大学の講師を務めている、植村隆という人物です。植村隆は「慰安婦」と「女子挺身隊」を混同した誤報記事を書いたことに加え、同記事で金学順のことを「『女子挺身隊』の名で戦場に連行され、日本軍人相手に売春行為を強いられた『朝鮮人従軍慰安婦』」と説明したことについても批判されています。前頁でも書いたように金学順は記者会見で、「母親にキーセンに売られた後、義父に慰安所に連れていかれた」と証言しているのです。それで植村隆には「キーセン出身であるという事実を伏せて記事を書いた」という疑惑が持たれているのです。さらに「義母の裁判を有利にするためにこのような記事を書いたのではないか？」という疑惑もあるようですが、植村隆本人は否定しています。

■韓国面に落ちるな！　脅迫や中傷は日本人のやり方ではない

吉田清治は多くの日本人にとって八つ裂きにしても足りない人物ですが、すでに彼は二〇〇〇年に亡くなっています。それで行き場を失った日本国民の怒りの矛先が、植村隆に向かうことになったのです。

『朝日新聞』で慰安婦関連記事を書いていたのは植村隆だけではなく、吉田証言に関する一連の記事は別の記者が書いていました。どちらかといえば吉田証言をしつこく繰り返し紹介していた記者たちのほうが、より悪質ではないかという気もします。

植村隆の「初めて元慰安婦が名乗り出た」というスクープ記事をきっかけに日韓関係が悪化したこと、その記事が署名記事だったこと、義母が反日団体の代表であること、などによって植村隆は「スケープゴート」に選ばれてしまったのではないでしょうか?『朝日新聞』の検証記事が掲載されて以来、植村隆が講師として勤務する北星学園大学には、抗議の電話や手紙、メールが殺到したといいます。

『朝日新聞』という巨大メディアで報道権力を振るってきた植村隆には、自身の書いた記事について説明責任があるはずなので、記事内容を批判したり、説明責任を果たすように要求したりすること自体は、国民の当然の権利でしょう。しかし、大学に圧力をかけて解雇を要求するというやり方については、明らかにやりすぎであり私は賛成できません。また一部の報道によると、学生に危害を加えるとする脅迫文や、植村隆の妻や娘を中傷するような内容の手紙などもあったそうですが、このようなことが許されるはずがありません。

実は私も、過去に某在日団体の関係者を名乗る人物から、私や家族に対して危害を加えることを示唆する内容の脅迫文を受け取ったことがあります。具体的には「山野さんの住所は一部の在日の間ですでに知られています。山野さんやご家族のことが心配だったのでお知らせしました」という内容で、私の東京事務所兼自宅と実家の住所の詳細までもが記載されており、さらには私や実家の盗撮写真を手元に持っていることも書かれていたのです。

当時私は練馬に住んでおり、ポスト名義を前の住人と思われる「斉藤」という名前をそのままにしておいたのですが、手紙の宛名は「斉藤方●●（山野本名）様」と書かれていましたので、マンション内にも侵入しているのです。ポストどころかドアの前まで来ていると考えて間違いないでしょうし、私を隠し撮りしていたことも事実でしょう。

私は賃貸なので引っ越せばいいですが、実家は持ち家なのでそういうわけにはいきません。この脅迫文が送られてきて、一時期はかなり悩んで筆を折ろうかと考えたこともありました。私個人だけの問題ならば、韓国・在日批判を許さない人たちに襲われて、仮に生命を奪われたとしても、これまでに充分人生を楽しんだので悔いはないのですが。実家を巻き込むわけにはいきません。

だからというわけではないですが、植村隆の妻子への脅迫や中傷は絶対に許せないですし、大学への度を超えた抗議も言論の自由、学問の自由を脅かすものであると指摘しておきたいと思います。

そういう思いもあって、私は近著の『マンガ大嫌韓流』（晋遊舎）で、北星学園大学への抗議活動について批判的に描いています。劇中で過度の嫌韓思想を持つキャラクターたちが北星学園大学に抗議活動を行ない、さらに慰安婦問題の象徴的人物である植村隆をスケープゴートにして叩きます。彼らは「反日に手を染めた者は悲惨な末路を遂げるという教訓を世に知らしめるための生《い》け贄《にえ》」にすべきだと主張しますが、しかし主人公はそのやり方に疑問を持つ、という筋立てになっています。

その際、「韓国の反日団体のやり方を真似て『親韓派』の反日日本人を一掃する」「韓国のやり方を真似ているのだから「親韓派」に文句を言われる筋合いはない」と、嫌韓のキャラクターに主張させていますが、その発言が、韓国と同じレベルに落ちていることを表現するために、イヤらしい表情に歪ませています。

二〇〇四年九月二日に韓国MBCの討論番組に出演したソウル大学の李栄薫《イヨンフン》教授は、「従軍慰安婦は売春業」「朝鮮総督府が強制的に慰安婦を動員したとどの学者が主張しているのか」と発言しました。すると放送直後からソウル大学に李栄薫の教授辞任を要求する抗議が殺到したのです。北星学園大学に植村隆の解雇を求める抗議が殺到したというニュースを聞いて最初に頭に浮かんだのが、この李栄薫教授の事件でした。

この事件以来、韓国では慰安婦問題に関して反日団体の主張に異議を唱える者が、ほとんどいなくなってしまいました。李栄薫教授が大バッシングを受けたことで「一罰百戒」となり、一部に存在すると思われるまともな韓国人たちは萎縮して口を閉ざしてしまったのでしょう。韓国では反日のためなら言論の自由も学問の自由もないのです。

植村隆の書いた記事については大いに批判すべきでしょう。しかし彼へのバッシングを見ていると、吉田清治亡き後の慰安婦問題の象徴的人物として、スケープゴートにされてしまっているように思えるのです。

私は日本が韓国と同じレベルに落ちてほしくありません。ですので、言論の自由、出版の自由、学問の自由などは保障されるべきであり、そのためには反日的な言論の自由も保障されなければならないと考えます。ただし保障されるのはあくまでも「言論」であって、「暴力」や「圧力」そして「言論封殺」ではないことはいうまでもありません。それらによる反日・反社会活動が起こらないように、ここであえて述べておきます。

エピローグ

本編で述べたとおり、「韓国に親しみを感じない」日本国民は約七割近くにまで達しており、「嫌韓」は多数派を占めるようになりました。一昔前は韓国のことを「嫌い」といっただけで白い目で見られて、さらに「差別」と非難されるような酷い世の中でした。しかしようやく韓国が嫌いだとはっきり主張できる時代が到来したのです。二〇〇五年に『マンガ嫌韓流』を出した頃の状況を思い出すと、隔世の感を禁じ得ません。

韓国批判がタブーでなくなったことで、現在の日韓関係は一時的に悪化しています。これは無理からぬことです。何しろ韓国はこれまで日本に対しては、「被害者」というスタンスで、道徳的に優位に立っているつもりでした。そしてその立場で日本に反日憎悪をぶつけ続けていたのに、「加害者」であり彼らにとっては道徳的に劣っていると規定している日本から、次々に反論が吹き出てきたのですから。韓国人にとって我慢ならない状況であるといえます。韓国の反日が暴走するのも当然のことといえるでしょう。

また日本国内でも嫌韓批判の人たちが暴走しています。韓国を批判する者に対して「レイシスト」「ヘイトスピーチ」などとレッテルを貼ったり、韓国を批判する本を「ヘイト本」などと一方的に決めつけて、書店や図書館に圧力をかけようとするなど、嫌韓批判の人たちは、もはや反社会集団となってしまっています。

馬脚を露《あらわ》した韓国と日本の反社会集団を目の当たりにしてしまえば、日本人はさらに「嫌韓」の色を強めていくでしょう。

しかし「嫌韓」のパイオニアである私としては、その状況を喜んでばかりもいられません。嫌韓が多数派の世の中というのは、一歩間違えると反日一色の韓国のような国になってしまう懸念があるのです。ソウル大学の李栄薫《イヨンフン》教授の例から分かるとおり、韓国では反日と逆の意見を述べることができず、親日の韓国人は生きることすら許されない国です。当然ですが私はそのような国には住みたくありません。

確かに韓国や韓国人がこれまで犯してきた様々な悪行は許されることではなく、彼らを嫌悪する気持ちは痛いほど分かります。しかし韓国が憎いからといって彼らと同じことをするわけにはいきません。

怪物と闘う者は、その過程で自らが怪物と化さぬよう心せよ。おまえが長く深淵を覗くならば、深淵もまた等しくおまえを見返すのだ。

ニーチェの『善悪の彼岸』に出てくる有名な一節です。反日怪物《モンスター》である韓国人と闘う過程で、私たち日本人も嫌韓怪物《モンスター》と化してしまわないように注意しなければなりません。

また、インターネット掲示板「2ちゃんねる」のハングル板で生まれた「韓国面に落ちる」という言葉があります。映画『スターウォーズ』に出てくるセリフ「(フォースの)暗黒面に落ちる」をもじったもので、これは「理性を失って韓国人と同じような言動をしてしまうこと」という意味で、彼らと同じにならないよう戒める言葉です。

嫌韓怪物にならぬように、韓国面に落ちないように、常に己を戒めておきたいところです。

韓国が「反日」に狂っているのと同じように日本も「嫌韓」に狂って、逆の意見を述べることができないような国になってはなりません。反日妄言すらも堂々と主張できる環境が保障されなければなりません。言論や表現、学問の自由がなければならないのです。もちろん私は、言論封殺には反対で、反対意見の言論をも尊重する立場です。

韓国の「嘘」に対しては「真実」で対抗し、韓国人の「反日憎悪」に対しては、それを正し、日韓関係を正常な方向へ導くこと、それが「嫌韓道（けんかんどう）」の歩む道です。
読者の皆様には「嫌韓道（けんかんどう）」の精神で「嫌韓道（けんかんみち）」を踏破して「日韓友好への道」へと到っていただくために、本著がその一助となれば幸いです。

二〇一五年四月

山野車輪

山野車輪（やまの しゃりん）

一九七一年、日本生まれの日本国籍を持つ日本人。WEB漫画出身の漫画家。二〇〇五年刊行の『マンガ嫌韓流』により嫌韓ムーブメントを起こし、多くの人々に韓国の本当の姿について興味を持たせることに成功。二〇一〇年刊行の『「若者奴隷」時代』（晋遊舎）により世代間格差の問題を取り上げて社会に広く定着させる。日本全国のコリアタウンと韓国全土を練り歩き、地道な取材を敢行した半島ウォッチャー。他に『在日の地図』（ぶんか社）『韓国のなかの日本』（辰巳出版）『終戦の昭和天皇－ボナー・フェラーズが愛した日本－』（オークラ出版）など。

ベスト新書 474

嫌韓道《けんかんどう》

二〇一五年五月二〇日　初版第一刷発行

著者◎山野車輪
発行者◎栗原武夫
発行所◎KKベストセラーズ
東京都豊島区南大塚二丁目二九番七号　〒170-8457
電話　03-5976-9121（代表）
装幀フォーマット◎坂川事務所
印刷所◎錦明印刷株式会社
製本所◎ナショナル製本協同組合
ＤＴＰ◎株式会社オノ・エーワン

ISBN978-4-584-12474-1 C0295